Helen I. Bachmann

Kinderfreundschaften – Start ins Leben

Helen I. Bachmann

Kinderfreundschaften – Start ins Leben

Herder

Freiburg · Basel · Wien

Alle Rechte vorbehalten – Printed in Germany
© Verlag Herder Freiburg im Breisgau 1996
Herstellung: Freiburger Graphische Betriebe 1996
Gedruckt auf umweltfreundlichem, chlorfrei gebleichtem Papier
ISBN 3-451-23572-2

Inhalt

Einen Freund haben, Freund sein

Was Freundschaft ist, für Erwachsene, für Kinder

Freundschaft ist eine Form der Liebe. Wenn von ihr die Rede ist, dann ergeht es ihr auch wie der Liebe: Jeder scheint zu wissen, was sie ist, aber zu fassen ist sie kaum, schon gar nicht in Worte.

Ihr Erscheinen ist ebenso geheimnisvoll, wie die Wege, die in Freundschaftsbeziehungen führen, undurchsichtig sind. Da wirkt eine Anziehung, eine innere Chemie, und treibt die verschiedensten Menschen dazu, freundschaftlich aufeinander zu reagieren.

Anders als die Liebe aber, die wie ein Blitz in die Herzen fahren kann, entfaltet sich Freundschaft langsam. Sie muß sich, trotz der spontanen Kontaktaufnahme, wie sie unter Kindern üblich ist, als Fähigkeit erst entwickeln. Doch regen sich ihre Keime oft schon in einer ersten Begegnung, sonst würde das Abenteuer, das zu ihrer Ausreifung führt, wohl kaum unternommen.

Vom besten Freund wird gesprochen, von der besten Freundin oder von all meinen Freunden.

Das lateinische Wort amicus für Freund, von amare/ lieben, weist auf die Verwandtschaft von Freundschaftsverbindung und Liebe hin. Doch unter Freundschaft wird nicht die sexuelle Liebesbeziehung verstanden. Begleitworte wie: gut, traut, wahr, zuverlässig, alt und treu bedeuten, daß der Freund oder die Freundin beständige Personen sind, unter Umständen Begleiter durch das ganze Leben, die in dieser Beständigkeit auch die

Prozesse der Veränderung mit durchleben können. Freunde kennen sich gut. Sie sind einander die am wenigsten fremden Menschen innerhalb und außerhalb der Familie. Sie erleben Gleichgestimmtheit und Gleichgesinntheit ebenso wie fruchtbare Auseinandersetzung. Sie sind die Mitbewohner des geistigen Heimatlandes, und als solche haben sie an dessen Umwälzungen und atmosphärischen Veränderungen teil.

Die Atmosphäre einer Freundschaft kann prickelnd und hoch affektiv und durchaus auch erotisch gefärbt sein – und zu entsprechenden Reaktionen führen. Freundschaft realisiert sich körperlich und geistig. Wir umarmen unsere Freunde, halten ihre Hand, lassen ihnen kleine und größere Aufmerksamkeiten zukommen, liebevolle Gesten, genau wie wir ihnen in Gesprächen nahekommen, Ideen austauschen oder im Streit die gegensätzliche Meinung des anderen stehenlassen müssen. Dies alles im Schutze der Zusammengehörigkeit. Und daß die einmal festgelegt wurde, das ist wichtig als der verläßliche Grund der Freundschaft.

Gut Freund! hieß früher die Parole, wenn sich Menschen in der Finsternis begegneten. Wehe dem, der sich nicht als zugehörig ausweisen konnte. Nur im Freundesland herrscht Sicherheit. Draußen ist das „Elend" – eli lenti (die Fremde im Mittelhochdeutschen) – bedeutet das Elend des nicht Beheimateten. Freunde geben einander Halt; felsenfest können sie sich aufeinander verlassen. Freundschaft ist auch ein Ort der Zuflucht in unglücklichen Zeiten und ein Quell neuer Orientierung. Aus Freundschaften ist das Beziehungsnetz geknüpft, das den Menschen auffängt und trägt, in aller Offenheit, und auch in Zeiten der Schwäche. Wenn es einem einmal ganz mies geht, dann darf man sich von einem Freund oder einer Freundin auch ruhig einmal pflegen lassen, bis die Sicht wieder klarer wird.

Der Lebensweg führt immer wieder durch unwegsames Gelände, für dessen schadlose Durchquerung der einzelne neue Fähigkeiten entwickeln muß. Durch das Bewußtsein, mit all dem nicht alleine zu sein, sondern sich auf Freunde rückbeziehen zu können, kann sich der Mut für die eigenen Unternehmungen festigen. So hat Freundschaft auch eine Qualität als Entwicklungsraum der eigenen Identität.

Es ist also, um es ganz kurz zu sagen, dringend notwendig, mit Freunden verbunden zu sein.

Wie aber kann man den Anspruch geltend machen, einen Freund zu haben?

Wenn Freundschaft so viele anspruchsvolle Aufgaben zu erfüllen hat, kann sie nicht selbstverständlich sein. Sie kann sich nicht einfach so ergeben als ernsthafte Tatsache. Und es klingt deshalb fragwürdig, wenn jemand obenhin sagt: Ja, natürlich, ich habe viele Freunde.

Eine tiefere Verbindung unterscheidet sich grundlegend von anderen flüchtigen Bekanntschaften, die man zu Tausenden haben kann: Hallo, wie geht's? Gut? Schön! Also dann …! In solchen Ritualen flüchtiger Begegnung wird außer diesen Worten nichts ausgetauscht.

Aber man kann solche Bekannte Freunde nennen und sie um sich versammeln und anhäufen wie einen Besitz. Dann hat man viele. Man ist erstaunt, wie viele es sind an einem Tag, auf der Straße, auf einer Party, wo immer.

In einem verflachten Verständnis von Freundschaft haben viele Personen Platz. Freunde sind dann diejenigen, mit denen man etwa in geschäftlicher Verbindung steht, Arbeitskollegen oder andere wechselnde berufliche Partner. Diese Freunde gehören zu dem, was man hat, sie sind nützlich. Sie helfen den status quo sichern, sie geben vorteilhafte Informationen weiter, stellen lukrative Kontakte her. Das gleiche können sie als Gegenleistung erwarten. Das nennt man Verpflichtung. Einem solchen Freund gegenüber ist man denn auch schnell verpflichtet und bekommt den Druck zu spüren, wenn er seine Ansprüche geltend macht. Man kann regelrecht in eine Falle geraten und sich vom Zwang zur Gegenleistung beherrscht fühlen. Dies kann so weit gehen, daß alles Persönliche aus solchen „Freundschaftsbeziehungen" gelöscht wird und nur die starre Forderung nach dem Begleichen der Rechnung bestehen bleibt. Da will man etwas haben.

Das Nachdenken über die Möglichkeit, Freunde zu erwerben, steckt spätestens hier in einer Sackgasse. Denn das ist klar, unter den oben beschriebenen Bedingungen des Haben-Wollens läßt sich ein wahrer Freund nicht finden.

Es empfiehlt sich daher, die Frage an sich selbst zu richten: Bin ich eigentlich jemandem ein Freund? Kann ich Freund sein? Wie bin ich, oder wie muß ich sein, um als Freund gelten zu können?

Erich Fromm hat die Prinzipien von Haben und Sein untersucht und den Begriff der Liebe zu ihnen in Beziehung gesetzt. Für die Freundschaft gilt ähnliches, und es lohnt sich, seinen Überlegungen zu folgen:

Ein Phänomen wie Liebe oder Freundschaft ist kein Objekt. Wenn damit ein Ding gemeint wäre, könnte man es in seinen Besitz bringen, man könnte es haben.

Freundschaft läßt sich nicht besitzen, also läßt sich auch ein Freund nicht haben.

Freundschaft ist eine Haltung. Freundschaft erfüllt

mich, das Freundschaftsgefühl lebe ich, wenn ich zu einem anderen Menschen freundlich, d. h. freundschaftlich eingestellt bin.

Unser Wort „sein" heißt lateinisch „essere", und davon leitet sich das „Interesse" ab; „Inter-esse" aber bedeutet: dazwischen sein. Interesse zeigen bedeutet somit „Nähe", und auf die Freundschaft bezogen führt es zur Anteilnahme an dem Menschen, den man Freund nennen möchte.

Im Gegensatz zu dem Prinzip des Be-sitzens, das einen auf den angehäuften Dingen, dem Besitz, wörtlich festsetzt, eignet dem Sein eine Bewegung an. Ich bewege mich auf etwas zu, im Sein bin ich aktiv. Nicht umsonst werden in romanischen Sprachen die Verben der Bewegung ausschließlich mit „sein" konjugiert. Wenn man beweglich ist, kann man auch Veränderung zulassen, man kann werden. Wohingegen aus dem Haben eher der Impuls zum Stillhalten und Festhalten kommt.

Was aber bedeutet die Beweglichkeit des Seins für die Freundschaft?

Wenn jemand an einer Freundschaft interessiert ist, kann er im Sinne dieser Freundschaft und des Menschen, den sie betrifft, aktiv und kreativ werden. Er bezieht sich mit seinen Bemühungen auf das Wesen dieses Menschen und läßt in aller Offenheit und innerer Freiheit den Prozeß geschehen, der sich zwischen ihnen zu entwickeln beginnt.

Diese auf den anderen Menschen bezogene freundschaftliche Haltung verzichtet auf Besitzansprüche und auch darauf, diesen Menschen auf irgendeine Art und Weise beherrschen und bestimmen zu wollen.

Haben und Habenwollen könnte in Bewegung umgesetzt als ein Zusichheranziehen gesehen werden, wohingegen das interessierte Sein ein Angebot macht und einen Schritt auf den anderen Menschen zugeht.

Nur in diesem letzteren Falle kann sich zwischen zwei Menschen ein lebendiger innerer Dialog entspinnen, der eine gegenseitige Bezogenheit zum Klingen bringt. Es wird sich hierbei herausstellen, ob die ausgestreckten Freundschaftsfühler richtig getastet haben.

In diesem Zusammenhang erscheint auch die alte Sprachform wieder sinnvoll. Anstatt „ich *habe* dich gern", hieße es, „ich *bin* dir gut."

Zwei, die einander gut sind, gewinnen sich als Freunde.

In der Offenheit einer Freundschaftsbeziehung auf dieser Basis werden wichtige Entwicklungsimpulse geweckt, die weit über das Persönliche dieser Verbindung hinausgehen können. Das Gefühl des Freundseins bereichert den einzelnen mit neuem Selbstwert, und dies strahlt auf andere Lebensgebiete aus. Die Annahme, daß ein Grundgefühl des emotionalen Gebens das Herz weitet, mag Erich Fromm zu folgender Aussage veranlaßt haben: Wenn ich einem anderen sagen kann: „Ich liebe dich" dann muß ich auch sagen können: „Ich liebe in dir auch alle anderen, ich liebe durch dich die ganze Welt, ich liebe in dir auch mich selbst."

Diese allgemeinen Betrachtungen über den Begriff der Freundschaft will ich nun auf ihre Gültigkeit für Kinder prüfen.

Bei Kindern aber gilt das Prinzip des Seins a priori, denn mit ihrer Geburt *sind* sie und sollen sich werden; sie versuchen dann, ihrem Dasein immer deutlichere und endgültigere Gestalt zu geben. Nicht daß Entwicklungsprozesse irgendwann abgeschlossen wären – das sind sie auch für Erwachsene nie – aber Kinder entwickeln Identität, und auch im Sinne einer Vorläufigkeit muß man ja wissen, mit wem man es zu tun hat.

Alles, was bisher über Freundschaft gesagt wurde, gilt auch für Kinder, wenn sie auch noch nicht in der Lage sind, ein in oben beschriebenem Sinne ausgereiftes Freundschaftsverhalten zu leben. Als wichtigste Grundlage für Freundschaft ist zunächst die Heranbildung der Beziehungsfähigkeit eine zentrale Entwicklungsaufgabe, und hierbei erweisen sich die vielgestaltigen freundschaftlichen Interaktionen und Spiele unter Kindern, von denen im weiteren berichtet werden soll, als Vorübungen oder Einübungen, die später zu reifen Freundschaftsbeziehungen führen. Und unabdingbar ist damit eine große Verantwortung für die Eltern und die Erwachsenen überhaupt verbunden, wenn sie ihre Kinder in diesen Prozessen unterstützend begleiten wollen.

Kinder geben schon sehr früh ihre Kontaktfreude zu erkennen. Es ist keineswegs so, daß zum Beispiel Babys nur geschont werden müssen, viel schlafen müssen, abgeschirmt werden sollen. Sie freuen sich, wenn sich jemand nähert, mit Signalen wie Strampeln oder Ausbreiten der Ärmchen und natürlich mit Lächeln tun sie schon sehr schnell kund, daß sie Gesellschaft wünschen. Es ist erstaunlich, wie schon Babys es genießen, von ihren etwas älteren Geschwistern herumgedrückt zu werden, wenig zimperlich geht's da manchmal zu, das macht gar nichts. Die Zufriedenheit zeigt, daß es stimmt.

Im Laufe der Entwicklung differenzieren sich die kindlichen Reaktionen auf Kontakte, was sich auch darin zeigen kann, daß Annäherungen abgelehnt werden. Im großen und ganzen aber heißt die Richtung des Entwicklungsverlaufs: auf die anderen zu.

Während der ersten Phase der Beziehungsentwicklung, der Symbiose mit der Mutter und ihrer allmählichen Auflösung, wird in einem ersten Schritt Individuation angestrebt. Individuation in diesem Zusammenhang besagt, daß das Kind einen Begriff von sich selbst als eigenem Wesen entwickelt und seine Bezugspersonen als gegenüberstehende eigene Personen wahrnehmen lernt. Mit dieser Selbstfindung ist das Kind dann für seine ersten freundschaftlichen Annäherungen genügend ausgestattet. Es wird im weiteren Verlauf sehr auf den Austausch mit kleinen und großen Freunden angewiesen sein, um im Leben neben ihnen seinen Platz zu finden. Freundschaft hat für Kinder den Charakter eines existentiell wichtigen Entwicklungsraumes, weil sich auf dem Hintergrund des Zusammenspiels immer deutlicher die eigene kleine Persönlichkeit abzeichnet.

Für all das, was sie notwendigerweise für sich selbst und im Zusammenleben auch für die anderen zu leisten haben, bringen Kinder eine wichtige Voraussetzung ganz natürlich mit: Sie wenden sich zu, sie sind neugierig, sie zeigen unverblümt ihre emotionalen Reaktionen. Und auch wenn sie noch so klein sind, sie beugen sich zu dem noch kleineren Kind herab. Sie versuchen es zu trösten, es zu schützen. Es ist wirklich eindrucksvoll, wenn man beobachtet, mit welch selbstverständlicher Offenherzigkeit sie das weitergeben, was sie selbst schon können oder gerade erst gelernt haben. Und dies sind nicht Dinge, die sie geben, es sind Teile ihrer selbst.

Die ersten Freundschaftserfahrungen machen Kinder in dafür vorgegebenen Räumen, die mit den Lebensumständen der Eltern zu tun haben, in Nachbarschaftsfamilien, in Krippen oder Spielgruppen. Sie nehmen Kontakte wahr, die sich in zusammengewürfelten Gruppen ergeben.

Später, wenn die Schritte autonomer werden, wandelt sich auch die Lust an der Freundschaft, und die Suche zielt über die von außen gesetzten Bedingungen hinaus. Die Begrenzungen einer Schulklasse werden vielleicht zu eng, neue Freundschaftsräume müssen erobert werden, oder die alten lassen sich pflegen und weiterspinnen, wenn sich beide Freundespartner den gegenseitig neu erwachenden Interessen beweglich anschließen können.

Wenn Freundschaft tiefe Wurzeln gefaßt hat, dann hält sie stand, auch wenn die Lebensbedingungen und Familienverhältnisse sich verändern. Es liegt im Wesen der Freundschaft mitzuwachsen.

Manchmal sind Freunde gerade diejenigen, mit denen man sich gar nicht identisch fühlt, die von ganz anderer Wesensart sind, ganz andere Begabungen haben oder andere Auffassungen äußern. Sie fordern heraus, auch zum Widerspruch. Sie faszinieren, denn es haftet ihnen neben Vertrautem der Reiz des Fremden an. Wer ist der andere? Ob sich wohl ein gemeinsames Thema finden läßt?

Im wechselseitigen intensiven Austausch lernen Freunde auch Seiten aneinander kennen, die möglicherweise noch unentdeckte Seiten des eigenen Wesens sind.

Andererseits ist es auch möglich und sogar wahrscheinlich, bestimmte Eigenschaften, die wir beim Freund erwartet haben, nicht anzutreffen. Damit muß man fertig werden. Vielleicht kommt es bei solchen Gelegenheiten auch dazu, daß eigene Züge in einem kompensativen Sinn dann verstärkt entwickelt und in die Freundschaft eingebracht werden. Die Freundin zum Beispiel ist nicht ordentlich. Ich will es eigentlich auch nicht sein, aber da sie ihren Teil nicht übernimmt, mache ich es halt. So habe ich von ihrer Verweigerung profitiert und mein Ordnungsbemühen entwickelt. Wir ergänzen uns gut, sagen Freunde, die voneinander lernen.

In der Schweiz nennen kleine Kinder ihre Freunde „Gspänli". Sobald sie in den Kindergarten gehen und kontinuierliche außerfamiliäre Beziehungen eingehen, entwickeln sie ein großes Bewußtsein für ihre Kontakte, und sie erzählen auch oft ganz offen, wie es ihnen damit ergeht.

Das „Gspänli" leitet sich ab von „Gespann". Und zu einem Gespann, das wissen Fuhrleute von jeher, gehören meistens zwei. Zwei Pferde, zwei Ochsen oder auch zwei Menschen zogen einen Frachtwagen.

Auch das gemeinsame Leben mit einem Partner wird als Gespann bezeichnet, immerhin gilt es ja, den Lebenskarren durch dick und dünn zu ziehen. Und wer miteingespannt ist, wird auch Gespons genannt. Nach Vermerk im Duden findet dieser Begriff heute nur noch scherzhafte Verwendung. Was aber soll daran komisch sein? Die Witzblattgeschichten vom „Joch der Ehe" weisen auch auf das Zusammengespanntsein hin. Hier aber wird es zum notwendigen Übel. Kinder gehen freiwillig auf andere zu und suchen sich ernsthaft ihre Gefährten, mit denen sie sich ins Leben einspannen. Sie brauchen andere neben sich, denen es ähnlich ergeht, die die Welt entdecken wollen und sich gegenseitig ermutigend vorwärtsziehen.

Es ist ein offen zugestandenes Leid, wenn ein Kind sagt: Ich habe keine Freunde.

Geduld. Man kann Freunde nicht kaufen. Sie stellen sich ein, wenn du selbst ein Freund bist.

Erste Schritte

Laufenlernen als Bewegung vom Vertrauten weg,
auf neue Kontakte zu

Als das kleine Kind, mitten in der Nacht, den ersten
Schritt getan hatte, da war es seiner Mutter auch schon
davongelaufen.

Während eines Ferienaufenthaltes in einem Schweizer
Bergdorf erlebte ich im Frühsommer, wie ein Kind sich
aufrichtete und seine ersten Schritte unternahm.
In einem Zeitraum von nur einer Woche wurde aus
einem 14 Monate alten Mädchen, das bis dahin unauffäl-
lig in einem Stühlchen am Tisch der Eltern gesessen und
scheue Blicke in die Umgebung geworfen hatte, eine
kleine Draufgängerin. Zunächst an der Hand eines
Erwachsenen, schließlich aber alleine bewegte sie sich,
begeistert brabbelnd, auf alles zu, das ihr Interesse erreg-
te, besonders auf andere Kinder.
Ich hätte diesem Ereignis weiter keine Bedeutung bei-
gemessen, hätte dies als frohes Geschehen unter die
anderen Eindrücke und Beobachtungen gemischt, wären
mir nicht zwei Sachverhalte besonders aufgefallen: die
wachsende Motivation des Kindes, sich durch neue
Beziehungsangebote von den Eltern wegzubewegen, und
die Reaktion der Eltern, besonders der Mutter, auf die
ersten Schritte ihres Kindes.

Anna sah reizend aus und war von Anfang an der Liebling der italienischen Serviermädchen, die sich um ihre

17

Gunst rissen, sie laut und scherzend bei ihrem Namen riefen, sie während der Arbeit auf dem Arm mitschleppten bis in die Küche, aus der dann durch die Anrichte fröhliches Gequietsche tönte.

Die Eltern verhielten sich reserviert, duldeten das Vorgehen etwas ratlos, waren aber froh, das eigene Essen in diesen Momenten in Ruhe genießen zu können.

Anna aber blieb in der Folge nicht mehr gern in ihrem Stühlchen sitzen. Sie begann sich zunehmend auch für die anderen Gäste zu interessieren, warf ihnen kokette Blicke zu, krabbelte mutiger auf sie zu, um sich an Tisch- und Stuhlbeinen hochzuziehen. Auch die an den Stuhllehnen hängenden Handtaschen erregten ihre Neugierde und natürlich der Schmuck an den ihr entgegengestreckten Händen.

Da es in diesen Tagen sehr heiß war, war an frühes Schlafengehen nicht zu denken. Die Hotelgäste trafen sich auf der Terrasse vor dem Haus, die auf den kleinen Dorfplatz führte. Dort am großen Brunnen versammelten sich die Kinder des Dorfes zu ihren abendlichen Spielen bis in die Nacht hinein, und ihre hellen Stimmen vermischten sich mit dem Gemurmel der Gäste.

Auf die kleine Anna, die die Abendluft offensichtlich auch als Belebung erfuhr, übte das Kindergetümmel eine große Anziehungskraft aus. Ich sah sie auf dem Arm der Mutter mit zwingender Geste dorthin zeigen. Dann stand Anna zwischen den Beinen der Mutter, an zwei Händen gehalten, inmitten der Kinder, die sich als die größeren gleich liebevoll um sie kümmerten. Sie versuchten ihr die noch unaussprechbaren Wünsche zu erfüllen, wenn sie zum Beispiel auf Spielzeuge zeigte. Die Mutter war verständnisvoll und ließ ihre kleine Anna das Gefühl, umworbener Mittelpunkt zu sein, voll auskosten.

18

Die Kinder versuchten, mit Anna zu sprechen, streichelten sie, legten ihr Dinge in die ausgestreckte Hand und waren da, wenn sie sie wieder zurückgeben wollte. Ein etwas älterer Junge als sie, der eine Tüte mit Rosinen an die Brust gepreßt hielt, stopfte ihr eine nach der anderen in den Mund, bis sie den Kopf schüttelte. Er war aber bereit, mit der Fütterung fortzufahren, sobald Anna ihm ihr offenes Mündchen wieder hinhielt. Solche Spiele wiederholten sich in ähnlicher Form Abend für Abend.

Die Eltern waren erstaunt über die „Sprünge", die Anna jetzt machte; bis vor kurzem habe sie sich ausschließlich mit sich selbst beschäftigt.

Und dann war es soweit. Anna ließ die Hand ihrer Mutter los, warf ihre Arme jauchzend in die Höhe und lief allein dem Kindergetümmel entgegen. Wenn sie nach ein paar Schritten hinfiel, spreizte sie die Beine, kippte leicht nach vorne auf die Knie und stemmte sich wieder hoch. Und jedesmal, wenn sie wieder sicher stand, stieß sie Laute des Triumphes aus.

Kleine Schritte, kurze Strecken, Anna konnte laufen.

Am letzten Abend meiner Ferien sah ich Anna zwischen den Eltern hin und her laufen, unermüdlich ihr Gehen ausprobierend. Es war schon Nacht. Die anderen Kinder waren nach Hause gerufen worden. Anna hielt plötzlich in ihrem Laufspiel inne, machte eine unvermutete Kehrtwendung und lief die Dorfstraße hinab und zwischen den granitenen Häusern entlang, bis sie sich als Menschenpünktchen, dessen rote Hosen in der Dunkelheit kaum noch auszumachen waren, zu verlieren schien.

Die Eltern standen verdutzt da, schauten ihrem Kind nach. Die Mutter klammerte sich an den Arm ihres

Mannes und stammelte, in ihren Heimatdialekt zurück-
fallend: Det is ja nich zu fassen, wa!

Dann erwachte sie aus ihrer Starre, die sie wie eine
Schrecklähmung ergriffen hatte, und rannte ihrem Kind
nach. Sie riß es an sich und kam lange nicht zurück.
Noch einmal wollte sie ihr Kind für sich allein haben,
die gelebte Intimität noch einmal unversehrt spüren.
Aber in ihrem Herzen wußte sie sicher schon jetzt, daß
sie einer Erinnerung nachrannte.

Schließlich ging der Vater die beiden holen.

Was war geschehen? Das alltäglichste der Welt: Ein
Kind hat laufen gelernt.

Hier war deutlich zu beobachten, wie dieser Entwicklungsschritt durch Begegnungen gefördert wurde. Die
enge Verbindung zwischen Kind und Mutter, Kind und
Vater, Kind/Mutter/Vater, wurde durch sie aufgebrochen
und erweitert. Das Unbekannte lockte Anna aus dem
Nest.

Laufenlernen dient dem Weglaufen, eigenen Abenteuern entgegen. Und zu diesen Abenteuern gehören
wesentlich andere Menschen, Freunde, Lebenspartner.

Dieser Prozeß wird durch Wechselwirkungen gesteu-
ert, und das wird an Annas Beispiel deutlich.

Die dazugewonnenen Begegnungen erleichtern das
Laufenlernen, das Laufen in das eigene Leben und in die
Selbstverantwortung hinein, und das Laufenkönnen sei-
nerseits eröffnet neue Lebensräume, in denen künftige
Beziehungspartner, Freunde, Liebespartner warten.

Weil mich dieses Wechselspiel immer wieder fasziniert, auch das Zusammenwirken von innerer und äuße-
rer Realität, hat mich die Reaktion der Mutter besonders
beeindruckt.

Als Anna weglief, mischten sich in ihrem Gesicht

20

Stolz und Schmerz, Entzücken und Angst. Eine aufblitzende Ahnung, das Recht auf den Besitz ihres Kindes ein für alle Male aufgeben zu müssen, der damit verbundene Trennungsschmerz, der Stolz gleichzeitig, einem so vitalen Kind das Leben geschenkt zu haben, die Rührung über den naiven Mut des winzigen Persönchens angesichts der zu erobernden Welt und die Angst vor den Verletzungen, die diese Welt für ihr Kind bereithält, das alles muß sie bewegt haben in diesem Augenblick. Das mag ihr auch die Kontrolle über ihre Sprache geraubt haben –, jedenfalls war vorher nicht zu hören gewesen, daß sie aus Berlin stammt.

Ihre innere Bewegung mündete in die reale Bewegung. Sie rannte los, um ihr Kind schützend an sich zu pressen.

Anna hätte wohl trotz aller Euphorie ihr Verlorensein in der Fremde bald bemerkt und wäre vielleicht in Panik ausgebrochen – das aber hätte dem freudigen Aufbruch einen schlechten Beigeschmack gegeben.

Die Mutter hat ihrem Kind gezeigt, daß sie trotz allem zu seiner Sicherheit da ist. Anna hat noch Zeit, anderen Abschieden entgegenzureifen.

Das Geschehen fordert die Eltern zwingend dazu auf, über das richtige Maß an Gewähren und Zurückhalten, Loslassen und Schützen nachzudenken.

Anna hat ein Recht auf den elterlichen Schutz, denn ihre Wahrnehmung ist noch unreif, in ihr sind die Eltern für ihr Wohlbefinden omnipräsent. Sie lebt in engster Verbundenheit mit ihnen. Und trotzdem – oder gerade deshalb – wird sich Anna von nun an immer wieder in Abenteuer stürzen, die diese Verbindung sprengen. Es ist eine anspruchsvolle Aufgabe für die Eltern, diese Entwicklungsbewegungen mit Feingefühl und Offenheit, auch mit Besserwissen und Konsequenz zu begleiten, damit an Stelle der führenden und schützenden elterlichen Hand allmählich in Anna selbst die steuernden Kräfte wachsen können.

Später kann Anna nicht mehr damit rechnen, daß ihr die Mutter beistehend nachspringt. Später ist sie auf sich selbst gestellt. Aber später hat sie sicher Freunde gefunden, die ihr Orientierung bieten und nahestehen. Und weil gute Freunde meistens gleich alt sind, werden sie auch die Fragen, die Anna ans Leben stellt, besonders gut verstehen und mit ihr zusammen nach Lösungen suchen.

So früh kann man noch nicht von Freundschaften in Annas Leben sprechen. Ihre Beziehungen in dem Ferienhotel waren wichtige Erfahrungen, sie haben Impulse gesetzt und enthielten keimhaft alles, was zu Freundschaften führen kann. Zentral dabei war wohl für Anna und für alle, die es miterlebt haben, das Erlebnis, daß das Fremde lockt, das aufregende Unvertraute. Auf dem Weg dorthin, so stellt es sich heraus, begegnet sich der kleine Mensch selbst, entdeckt seine Fähigkeiten. Und so geht es uns allen immer und immer wieder. Wenn wir es wagen, einen Schritt über das bisher Vertraute hinaus zu tun, uns in einen anderen Zusammenhang stellen, entdecken wir neue Seiten an uns. Wir werden uns so zunehmend unserer selbst bewußt.

Und je mehr wir uns unserer selbst bewußt werden im weitesten Sinne – und im besonderen im Sinne der kleinen Anna, die am Beginn ihrer Selbstentdeckung steht –, desto deutlicher prägt sich auch die Fähigkeit aus, Freundschaften zu schließen.

Das große, verlockende Fremde verliert dann seinen diffusen Reiz und gewinnt differenziert aufregende Einzelheiten. Ein Mensch wird erkannt, er hat bestimmte

Eigenschaften, ein Aussehen, ein eigenes Wesen und Können, weswegen er liebenswert und als Freundin oder Freund begehrenswert ist.

Das Unvertraute verwandelt sich in Vertrautes, möglicherweise sogar in Eigenes, wenn sich Entsprechungen ergeben oder Gemeinsamkeiten anklingen.

Das Band der Freundschaft

Voraussetzungen, unter denen Freundschaft sich entwickeln kann

Wir kommen als Angebundene zur Welt, abhängig von einem reiferen Organismus, mit dem uns die Nabelschnur verbindet. Und nach dem Urerlebnis der Abnabelung trachten wir ein Leben lang danach, wieder in Verbindung zu kommen. Wir suchen den anderen, die anderen, das andere. Und wir suchen uns selbst. In hochkomplexen und störungsanfälligen Entwicklungsbewegungen zwischen Abnabeln oder Loslassen und Finden oder Verbinden versuchen wir, jene Fähigkeit zu erwerben, die uns zwischen diesen Polen Bewegungsfreiheit gestattet: Beziehungsfähigkeit.

Beziehungsfähigkeit setzt die Fähigkeit voraus, Freundschaften zu knüpfen, und es stellt sich die Frage: Was führt vom Angebundensein zur Fähigkeit, sich selbst zu binden?

Geht man davon aus, daß die frühen Beziehungsverhältnisse, die weitgehend von den Eltern gestaltet werden, besonders von der Mutter, mit der der Säugling symbiotisch verbunden ist, gesichert sind, ist die erste Bedingung für spätere Beziehungsfähigkeit erfüllt. Das Kind kann sich aufgehoben fühlen und in seine Umgebung und in sich selbst Urvertrauen entwickeln. Es läßt sich in der Gewißheit wiegen, daß alles gut ist und überlebt deshalb auch psychisch sein Ausgeliefertsein an die Welt.

Um später einen Beziehungspartner, einen Freund oder eine Freundin oder mehrere finden zu können, muß der kleine Mensch schon sehr früh, etwa im Alter von drei bis vier Jahren, entscheidende Entwicklungsschritte gegangen sein. Das Wichtigste ist, daß er zwischen sich selbst und seiner ursprünglich vertrautesten Bezugsperson unterscheiden gelernt hat. Meistens handelt es sich hierbei um die Mutter, von der er sich allmählich mit Hilfe unerläßlicher Grenzerfahrungen distanzieren muß. Denn erst, wenn er sich als eigene kleine Person aus dem Hintergrund oder Urgrund seines Herkommens herausgelöst und Gestalt gewonnen hat, kann er aus einem ersten Selbstverständnis heraus einen anderen Menschen als Gegenüber oder als ein Du wahrnehmen.

Mit anderen Worten, der bergende Urgrund, das Mütterliche schlechthin, hat zunächst keine klare Gestalt. Erst die schrittweise Ablösung, die von Differenzierungsprozessen begleitet wird, bewirkt Unterscheidung und klare Wahrnehmung und führt schließlich zur Begegnung von Ich und Du.

Von essentieller Wichtigkeit ist die Intensität, mit der die einzelnen Phasen durchlebt werden.

Auch die Namen, mit denen Kinder ihre Eltern benennen, sind im Zusammenhang mit der Einschätzung von Symbiose und Grenzerfahrungen wichtig. Es geht um die Voraussetzungen, die für das Gelingen der Ablösung wichtig sind. Grundsätzlich gilt: Nur klare Bedingungen unterstützen Entwicklung.

Es ist längst keine neue Mode mehr, daß Kinder ihre Eltern schon früh beim Vornamen nennen. Nicht Papa und Mama, sondern Bert und Monika wird ihnen beigebracht. Der Name aber bezeichnet bereits eine bestimmte Person, und dies wirkt dem kindlichen

Bedürfnis entgegen, Mama und Papa zunächst als ein eher diffuses, versorgendes, allumgebendes Element wahrzunehmen. Es kann bei so früh verlangter Festlegung von Mama und Papa als definierte Personen zu einer Überforderung der noch unreifen Wahrnehmung kommen, und Symbiose- und Ablösungserfahrungen vermischen und verwischen sich dann in unguter Weise.

In der ersten Lebenszeit, bevor das differenzierte Erkennen von Dingen und Bezugspersonen einsetzt, ist die gesamte dem Kind entgegenstehende oder es umgebende Welt ein einziges Du. Wie Inseln in einem großen Meer schwimmen erste Ich-Kerne in dem großen weiten Raum des anderen. In diesem Kontext hat das Du den Charakter eines medialen Urgrundes. Es kann so früh noch nicht als Einzelgestalt herausgefiltert werden. Als großer mütterlicher Umraum beinhaltet es alle vollkommenen und zum Leben notwendigen Dinge, einschließlich Mama und Papa. Sie werden erlebt als von jeher daseiend, allmächtig und unfehlbar.

Diese Wahrnehmung des großen allumfassenden Du braucht das Kind in der ersten Zeit in besonderer Weise und auch später immer wieder zu seinem Schutz. Es ersetzt ihm eine Zeitlang die intrauterine Geborgenheit, aus der es real kommt, und aus deren Bedingungen es herauswachsen muß.

Mama und Papa, so oder ganz ähnlich nennen alle Kinder auf der Welt ihre Eltern. Es sind die mit der größten Affektion besetzten Lautbildungen, und doch bleiben die dahinter stehenden Personen zunächst anonym. Wer sie sind, wird später erforscht und entdeckt werden.

Das frühe Angebot des Vornamens kann sich also möglicherweise als falsches Freundschaftsangebot herausstellen, das natürlich wohlwollend gemeint ist und dem Kind Gleichberechtigung zubilligen möchte. Das

Kind kann aber schon deshalb nicht gleichberechtigt sein, weil es ganz andere Bedürfnisse hat. Wenn es an seine Mama denkt, dann erwartet es von ihr viel mehr, als eine Monika, die auch nur ein Mensch ist, erfüllen könnte. Natürlich ist die Person, die Mama ist, auch die Monika, aber diese Gewißheit muß sich im Kind erst bilden dürfen. Das Kind wird unterscheiden lernen zwischen der Mutter als Mensch und den mütterlichen Funktionen der Geborgenheit und Sicherheit, die immer wieder und ein ganzes Leben lang abrufbar sein sollten, besonders in Zeiten krisenhaften Aufgewühltseins.

Nach einer gelungenen Symbiose helfen dem Kind gewisse Grenzerfahrungen, die Ablösung einzuleiten und allmählich zu bewältigen. In diese Zeit gehört die Erkenntnis, daß Mutter und Vater eigenständige Wesen sind und einen eigenen Namen tragen.

Das Wahrnehmen des Du verhilft dem Ich zu seiner Stärke. Aber Entwicklung ist ein anstrengender und auch verzichtreicher Weg. So muß das Kind zum Beispiel auf eine unmittelbare Bedürfnisbefriedigung verzichten lernen, muß lernen, sich anzupassen und Frustrationen zu ertragen. Das heißt, es muß eigenständig die Zeit bis zur Befriedigung seiner Bedürfnisse gestalten.

Wenn das Kind zum Beispiel sein Fläschchen haben will, dann hat es am Anfang lediglich die Möglichkeit, laut, manchmal panisch, danach zu schreien, und es läßt sich durch nichts anderes trösten als durch Saugen und Trinken.

Später macht es die Erfahrung, daß die Mutter eben nicht allzeit bereit nur auf seine Signale warten kann, sie hat auch andere Beschäftigungen. Das Kind muß warten. Inzwischen ist aber seine Wahrnehmung schon so gereift, daß es sich durch tröstliche Worte beruhigen und zu Spielen motivieren läßt, die den Frust überbrükken helfen, denn es hat schon die Ahnung entwickelt, daß die Zubereitung des Fläschchens Zeit braucht, daß es in Vorbereitung ist, wenn man es nur schon sehen kann.

In einem weiteren Schritt setzt die Erfahrung der Dualität ein, die zwei Menschen und deren Bedürfnisse einander gegenüberstellt. Das Kind will spielen, die Mutter will schlafen. Und vieles mehr. Dieses Interaktionsfeld, auf dem sich die Bedürfnisse begegnen und reiben, bietet durch permanentes Aneinanderstoßen die wichtigen persönlichkeitsbildenden Grenzerfahrungen an, die für eine klärende Wahrnehmung von Ich und Du grundlegend sind.

Damit das kleine Ich zunehmend Selbstsicherheit entwickeln kann, bedarf es eines weiteren inneren Strukturerwerbs. Das Kind braucht, um die Zeiten ohne den direkten physischen Kontakt mit seiner Bezugsperson schadlos überstehen zu können, ein inneres Bild von ihr. Wenn es ein Bild der Mutter sozusagen als Symbol für das Zusammensein mit ihr in sich aufbauen kann, kann es in der Gewißheit des Verbundenseins auf ihre direkte Gegenwart verzichten und sich getrost eigenen Beschäftigungen hingeben. Dann ist sicher, daß sie in der Zwischenzeit nicht verloren geht. Diese Sicherheit ermutigt dazu, sich den Verlockungen der Umwelt zuzuwenden und natürlich auch anderen Kindern. Da aber alles mit großer Sorgfalt und Vorsicht angegangen wird, sind auch hier wieder Hilfen nötig. Der Schnuller, das Kuscheltüchlein, der Teddy, die Lieblingspuppe oder andere Stofftierchen, meistens flauschig weich, sind Erinnerungsträger an die mütterliche Urperson und übernehmen damit Symbolbedeutung. In ihrer Brückenfunktion sind sie lange Zeit unentbehrliche Begleiter der kleinen Welteroberer – wehe, wenn man versucht, an diesen wichtigen Objekten etwas zu verändern. Sie müssen in bestimmter Weise riechen, schmecken und sich anfühlen.

Mit wachsender Sicherheit, die sich im Sinne des Selbsterlebens einstellt, findet der kleine Mensch seine Persönlichkeit. Er wird, wie man in der Entwicklungspsychologie sagt, psychisch geboren. Eine zweite Geburt nach der ersten physischen, die in der Brutzeit der ersten Lebensjahre den Nesthocker nachreifen ließ und jetzt flügge werden läßt.

Dergestalt auf die Welt gekommen, kann sich das Kind nun neugierig anderen Beziehungspartnern zuwenden. Auch wenn schon sehr früh andere Beziehungsangebote – durch den Vater etwa, die Geschwister, Betreuerpersonen in Krippen oder andere Kinder – da waren, so ist doch erst jetzt Zuwendung und Interaktion auf einer bewußteren Ebene möglich.

Ich und Du, Müllers Kuh, Müllers Esel ... das ist ein lustiges Spiel mit erweiterten Beziehungsmöglichkeiten, zu dem sich lustvolle Reime und das rhythmische Sprechen gesellen. Das abwechselnde Ansprechen der Mitspielenden ist dabei der Versuch, im Schutze der Spielregeln Beziehungen auszuprobieren – auch eine zweifelhafte Benennung zu lancieren – ganz abgesehen davon, was das Spiel sonst noch an Vergnüglichem bereithält. Das Ich führt über das Du zum Wir. Wir spielen Verstecken, wir spielen dem oder jenem einen Streich. Bevor sich aber das Wirgefühl so richtig etabliert, sind es oft zwei Kinder, die sich zu einem Pärchen zusammenfinden, weil sie besonders gut miteinander auskommen.

Die ganz frühen Freundschaftsverbindungen werden später oft nicht mehr erinnert, sie leben in den Erzählungen der Eltern oder der älteren Geschwister wieder auf. Ein Zeichen für die noch relativ unbewußt eingegangene Beziehung als spontane Zweckverbindung im Dienste des eigenen Wohlgefühls. Zu zweit läßt sich's ja auch viel besser allein sein. Bei einem kleinen Kind kann die Gesellschaft eines anderen die Beschäftigung mit sich selbst begünstigen, das andere übernimmt dann auch als gleichaltriges die Rolle des Übergangsteddybären. Wir glauben dann, unseren Ohren nicht zu trauen, wenn die murmelnde Zufriedenheit absolut aneinander vorbei redet. „Unser Mohrli hat Junge", sagt das eine, „ja, Autofahren", antwortet das andere. Das ist wie im absurden Theater. Die Kommunikation scheint in solchen Situationen auf einem ganz anderen Gleis zu laufen.

Die Erzieherin oder die Eltern können in dieser Zeit helfen, die Kontakte der Kinder zu lenken. Sie vermitteln und trösten, erklären und initiieren neue Spielsituationen. Dies sollte in Grenzen und mit größter Vorsicht geschehen, damit die Kinder auch ihre eigenen Erfahrungen machen können.

Der Prozeß der oben beschriebenen psychischen Geburt, der zur Beziehungsfähigkeit führt, kann auch vorübergehend wieder rückläufig sein, er kann stagnieren, einen neuen Anlauf brauchen, denn er ist störungsanfällig. Es kann sein, daß auf dem Entdeckungsweg in familienfernere Bereiche und Verhältnisse der Mut verloren geht, weil man sich etwa zu weit vorgewagt hat, oder wenn das Kind plötzlich merkt, wo es steht und die Sicherheit über die Verbindung zur Urbeziehung ins Wanken gerät. Dann aber schnell zurück auf den Heimatboden, um

neuen Mut zu tanken. Kein Wunder, wenn diese Rückwärtsbewegungen von den Eltern mit Verwundern registriert werden, plötzlich klebt das Kind wieder am
Hosenbein oder hängt dauernd am Rockzipfel. Es handelt sich meistens um ganz natürliche, vorübergehende
Reaktionen im Sinne von Angst vor der eigenen Cou-
rage.

Und bei allem, was bereits an Entwicklung geleistet
worden ist, lebt das Vorkindergartenkind noch in einem
aufs eigene Zentrum gerichteten Weltbild. Es ist im
ursprünglichen Sinne egozentrisch und macht deshalb
auch Erfahrungen, die es sehr irritieren oder sogar
erschrecken. Die Entdeckung zum Beispiel, daß ein
Objekt des Interesses eigenen Gesetzmäßigkeiten folgt,
ist nicht so einfach zu verkraften, geschweige denn, daß
andere Intentionen als die eigenen im Spiel sind. Das
kleine Kätzchen, das kuschelige, weiche, will sich nicht
drücken und festhalten lassen, es rennt davon, oder es
kratzt. Darauf kann das Kind erst dann in angemessener
Weise reagieren, wenn es auf ich-fremde Impulse einzugehen gelernt hat.

Alles braucht seine Zeit.

Ein vorschnelles Erziehen zu altruistischem Verhalten
verfehlt deshalb oft seine Wirkung. Ob es nun darum
geht, Spielsachen zu teilen, Süßigkeiten herzugeben
oder rücksichtsvoll zu sein, die Fähigkeit hierzu setzt
einen bestimmten Grad an Reife voraus.

Auch auf die Gefahr hin, daß es Tränen oder Schram-
men gibt – es ist oft gescheiter, die Kinder sich selbst
organisieren zu lassen.

Erstaunlich früh nämlich ist bereits ein selbstregulierendes Verhalten unter Kindern zu beobachten, das
gleichwohl nicht immer den Erwartungen oder moral-
ethischen Vorstellungen der Erwachsenen entspricht.

31

Worüber wir entsetzt sind, das stellt sich für Kinder oft ganz anders dar, und unerwartete Lösungen werden gefunden. Ein Schlag auf den Kopf mit einem Sandschäufelchen ist manchmal klärend und längst nicht so einschneidend wie eine zurechtweisende Einmischung. Kinder sprechen eine direkte Sprache, eine handfeste. Sie hauen sich, streicheln sich, beißen oder schreien oder genießen ihre Koexistenz ruhig und friedlich, nach Regeln, die ein rational gesteuertes Erwachsenenbemühen oft schlichtweg unterlaufen.

Aber da das Beziehungsverhalten unter Kindern in diesem Alter ein Einüben ist, ein schrittweises Erobern eines sich weiter und weiter erstreckenden Geländes, bedarf es des Schutzes. Wenn Situationen eskalieren, sollten die Erwachsenen eingreifen, damit die Erfahrungen solcher Explorationen nicht in Verzweiflung münden müssen.

Manchmal genügt es, einen Gegenstand aus dem Spiel zu nehmen und dadurch die Situation zu verändern oder ein Kind in die Arme zu nehmen, bis es aufhört zu weinen.

Zwei Buben, ein zweijähriger und ein dreijähriger, stritten sich um ein Kinderstühlchen, sie zerrten es unter großem Geschrei zwischen sich hin und her. Als Erwachsene eingriffen und das Streitobjekt wegnahmen, stürzten die beiden sich, nachdem sie sich von ihrer Verblüffung erholt hatten, mit den Händen aufeinander. Der eine Junge hatte ein Westchen aus Hasenpelz an, das der andere Streithahn jetzt zu fassen kriegte. Als er die Weichheit des Felles spürte, hatte der ganze Streit seinen Sinn verloren, und die Handgreiflichkeiten mündeten in zärtlichem Streicheln.

Aber selbstregulierendes Verhalten unter Kindern muß eingeübt werden; es gelingt nicht immer spontan. Kinder müssen einander kennen und Gewohnheiten miteinander entwickeln können. Von einer Situation auf einem unbekannten öffentlichen Spielplatz dürfen Sie nicht auf Anhieb zuviel erwarten. Möglicherweise finden sich dort auch Kinder zusammen, die aus ihrem Alltag Spannungen mitbringen oder das freie Tummeln in einer Kindergesellschaft gar nicht gewöhnt sind.

Wir tun daher, wenn wir von zu Hause aus öffentliche Spielplätze aufsuchen, den Kindern den besten Gefallen, wenn wir möglichst immer den gleichen Ort aufsuchen, damit sich Vertrautheit entwickeln kann und die Kinder mehr als einmal die gleichen Spielkameraden antreffen.

Wir Begleitpersonen bemühen uns um ausgleichendes Verhalten, nicht um ein wertendes oder strafendes, wenngleich wir das eigene Kind in Schutz nehmen und seine Rechte wie eine Wölfin oder ein höllischer Wachhund zu verteidigen bereit sind. Vorsicht. Wir tun vielleicht nicht zuletzt unserem eigenen Kind Unrecht, wenn wir ein anderes zurechtweisen oder beschimpfen. Mit offenen Parteilichkeiten kreieren wir eventuell Schuldgefühle oder unterbinden einen eigenen Wiedergutmachungsversuch. Woher wissen wir denn, welche Erfahrungen unser Kind gerade reizen? Vielleicht ist es sogar dringend notwendig, daß gerade jetzt eine Grenzziehung durch den kleinen Kollegen stattfindet, und sei es mit Hilfe eines Fußtritts.

Im Rahmen dieser kleinkindlichen Umgangsformen ist es viel zu früh, an Böswilligkeit oder an spätere Eskalation von Aggressionen zu denken im Sinne unserer pädagogischen Prämisse: Was Hänschen nicht lernt, lernt Hans nimmermehr.

Im Gegenteil: Was Hänschen heute einstecken muß

– psychologisch gesprochen: was sich bei ihm als Aggressionsstau ansammelt wegen allzu korrekter Erziehung – das teilt er morgen aus.

Ein soziales Verständnis und ein gesunder Altruismus im Sinne von uns Erwachsenen sind Ergebnisse einer langen Entwicklungszeit zwischen dem dritten Lebensjahr und der beginnenden Pubertät.
Der Eintritt in den Kindergarten bedeutet dabei einen wichtigen Abschnitt. Hier wird das Beziehungsspiel kultiviert. Das Zweierspiel, wenn sich zwei Kinder für die gleichen Spielsachen interessieren, oder Gruppenspiele in verteilten Rollen, Spiele im Kreis, bei denen es um Auswahl eines Partners geht. Das Lieblingskind wird gewählt, der Name wird in den Text eingeflochten, selbst, wenn der Text gar nicht richtig verstanden wird. „Dorothee, mein Lieblingskind, trägst du für mich den Schneie", sang ein kleiner Junge leidenschaftlich monatelang, ohne zu wissen, daß es sich bei diesem Hochzeitsspiel um den Schleier handelte.

Heimlich läßt der Fuchs sein Tüchlein dort fallen, wo er gerne anbändeln oder anbeißen möchte. Der Junge ruft das schönste Mädchen, zu dem er gerne gehören möchte, in die Kreismitte. Oder den Torbogen für den goldenen Wagen möchten die Kinder miteinander bilden, die sich gern bei der Hand halten. Hier treffen sich geheime Gedanken, und Wünsche realisieren sich. Was im Verborgenen blüht, wird Kundgebung.

„Du kannst es mir sagen, wenn dich einer anrempelt", sagt ein größerer zu einem kleineren Jungen. Das kleine Mädchen, das sich vor Angst nicht auf den Heimweg traute, weil es sich von einem mit dem Taschenmesser protzenden Jungen bedroht fühlte, fand einen Beschützer, der es auf Umwegen nach Hause führte.

Der eigene Name, der nun so oft genannt wird, gibt dem einzelnen Kind bisher unbekannte Wichtigkeit. Er verweist das Kind auf sich selbst und setzt es gleichzeitig in Beziehung zu den anderen. „Wir wollen hören, was Claudia meint", sagt die Kindergärtnerin etwa, oder ein Kind ruft: „Ich will neben Ernesto sitzen", wenn vorgelesen wird. Namen kennenlernen, Namen nennen, beim Namen genannt werden – diese Wichtigkeiten spiegeln sich in kindlichen Aussagen. Ein Mädchen zählte mir, als ich sie nach Freunden fragte, sämtliche Kindergartenkollegen mit Namen auf. Und nicht zufällig lernen Kinder gern ihren Namen schreiben, lange bevor sie in der Schule schreiben lernen, oder sie setzen ihn groß in die Mitte eines gemalten Bildes.

Sehr wichtige Spiele in dieser Zeit sind die koordinierten Bemühungen um eine Sache: Wir bauen zusammen ein Dorf, eine Autobahn, einen Bahnhof, oder wir spielen in der Puppenecke.

In diesen gemeinsamen Unternehmungen, in denen die eigene Aktivität auf die des anderen bezogen sein muß, haben Kinder die beste Gelegenheit, sich kennenzulernen und die Begeisterung des Miteinanders zu entdecken.

Wer von allen der beste Mitspieler ist, wer die Fantasie des einen Kindes am besten verstehen, teilen oder beflügeln kann, wer mitschwingt, der hat große Chancen, Freund oder Freundin zu werden. Denn Freunde, das ist klar, sind die, die sich aufeinander einspielen können. Zunächst ist es ganz undifferenziert der andere – aber unter allen Kindern ist es dann eben doch ein bestimmtes, das eine geheimnisvolle Anziehung ausübt und am besten spielen kann.

Mit großer Faszination und Erregung ziehen plötzlich einzelne Kinder einander an. Es werden Vorlieben entdeckt, die die freundschaftliche Zweierbeziehung einleiten. „Wo ist die Kathrin, wann darf ich zu Kathrin, darf Kathrin bei mir übernachten, nehmen wir Kathrin mit ins Schwimmbad, ich komme nur mit, wenn Kathrin auch mitkommt ...", und so fort.

Die Wendung des Interesses in die außerfamiliären Beziehungsbereiche ist für Eltern oder Geschwister manchmal gar nicht so einfach zu verkraften. Enttäuschung oder Minderwertigkeitsgefühle können sich einstellen, wenn für unser Kind die Unternehmungen anderer Familien attraktiver werden.

Wie traurig, wenn wir am Wochenende endlich Zeit für die Kinder haben, daß sie dann ganz andere Sachen machen wollen. Die Sprengkraft, die nach außen zieht, ist um so vehementer, je mehr sie von natürlich unbekümmerter Abenteuerlust getragen ist. Sie ist, auch wenn sie Lücken reißt, ein Zeichen für gesunde Entwicklung.

Und müssen wir wirklich Angst haben, unser Kind ginge uns dabei verloren? Hat uns selbst damals nicht auch die Marmelade der anderen Familie viel besser geschmeckt als die daheim? Das Vertraute verliert irgendwann an Reiz, und die überhitzte Geborgenheit muß kräftig durchgepustet werden. In der Zugluft geraten wir in die Räume der Freundschaft. Sie sind bei allem Neuen gleichwohl vertraut und freundlich, wir fühlen uns bestätigt und angeregt. Ein wenig verhält es sich mit der Freundschaft wohl so wie mit dem Wiener Caféhaus: Man ist nicht zu Hause und trotzdem nicht an der frischen Luft.

Blödsinn ist wichtig

Erste Begegnungen, Annäherungsspiele

Wenn man die Kontakte zwischen Kindern in den frühen Jahren genauer betrachtet, dann dienen diese von Erwachsenen oft schon Freundschaft genannten Verhältnisse vor allem einer Differenzierung und Intensivierung des Selbsterlebens. Der von anderen ausgestrahlte Wagemut oder das Sichgroßfühlen und Wachsen vor dem Blick des anderen, das Mitmachen oder das Machtausüben durch Anstiften, das alles vermittelt wichtige Selbsterfahrungen.

Vielleicht sollten die Erwachsenen deshalb manchmal etwas großzügiger mit dem „Blödsinn" verfahren, den die kleinen Komplizen wieder machen und über den so manche Eltern ratlos klagen: „Zusammen haben die nur Mist im Kopf."

Ja, das sieht tatsächlich so aus, denn die Logik der Spiele, die ad hoc – auch schon bei den ersten Begegnungen – erfunden werden, entzieht sich dem Erwachsenenverständnis.

Unterschiedliche Interessen prallen aufeinander. Erst etwas später, wenn sich die Grenzen der kleinen Persönlichkeiten besser abstecken lassen, beruhigt sich diese Ausprobierphase wieder, und die kindlichen Energien können anders eingesetzt werden. Dann wird etwa ein gemeinsames Spiel geplant, Struktur und Zielsetzung gegeben. „Komm, wir spielen Walfischfang", sagen vielleicht zwei Buben zueinander, und von der wetterfesten

Fischerausrüstung bis zum Walfängerschiff oben auf dem Kajütenbett oder der langen Harpune wird dann alles organisiert. Ein Spiel unter Freunden, die sich ergänzen, gemeinsam Freude und zündende Ideen entwickeln.

Dem voraus geht aber das viel urtümlichere Annäherungsspiel, das Blödsinnspiel, von dem oben die Rede war, das zunächst einfach Begegnung bedeutet und Gelegenheit gibt, in dieser Begegnung Bedeutung zu erlangen.

Da wird etwas auf den kleinen Partner oder die Partnerin übertragen, das man so gut von der Beziehung zur Mutter kennt. In dieser Beziehung dient nämlich mancher „Blödsinn" dazu, einen bewundernden Glanz in den Augen der Mutter hervorzurufen, natürlich auch Tadel und Bremsen. Alle Bewegungen und Aktivitäten in diesem ersten Beziehungsspiel dienen der Selbstbestätigung. Und wie sollte man es dem kleinen Kind verübeln, daß es diese auch im erweiterten Beziehungskreis sucht – zumal es zwischen den Qualitäten verschiedener Beziehungen noch gar nicht so genau unterscheiden kann? Also wird ausprobiert.

Nina hatte bisher nie daran gedacht, am Zipfel der Tischdecke zu ziehen und eine Katastrophe anzurichten, bis Katrin zu ihr zu Besuch kam.

Ninas und Katrins Eltern kannten sich und dachten, es wäre doch nett, wenn die Kinder sich anfreunden könnten. Sie lebten nah beieinander, und der gleiche Kindergarten stand beiden Kindern bevor. Die zwei kannten sich bereits flüchtig, hatten aber noch nie zusammen gespielt.

Nun war der Kaffeetisch gedeckt.

Für Nina war Katrin durchaus ein Begriff, und sie

erwartete sie ungeduldig. Immer wieder trippelte sie zur Wohnungstür, als warte sie auf das Klingelzeichen. Kati kommt bald? fragte sie und hielt sich, während sie auf Zehenspitzen hüpfte, mit ihren Speckhändchen den Bauch. Dann holte sie aus ihrem Zimmer den großen Elefanten und stellte ihn vor die Wohnungstür: Kati zeigen. Als die Mutter ihn auf die Seite rücken wollte, protestierte Nina, denn jetzt wollte sie sich auf ihn stellen, um durch den Glaseinsatz der Wohnungstüre den Hauseingang beobachten zu können.

Ja, da kamen sie, großes Hallo. Elternbegrüßung, Kinderbegrüßung. Dann tauchten die Erwachsenen in ihre Gespräche ein. Katrins Mutter verschwand zu Ninas Mutter in die Küche. Katrin löste sich vom Knie des Vaters, der von Ninas Vater ins Arbeitszimmer geführt wurde, und stand nun vor Nina. In dieser „unteren Etage" des Familientreffens entspann sich damit eine ganz eigene Art der Kommunikation, die zunächst weitgehend unbeachtet blieb.

Nina und Katrin betrachteten sich. Sie standen lange still, als warte eine auf eine Aufforderung der anderen. Dann wippte Nina leicht mit ihrem ganzen Körper, indem sie in die Knie ging und wieder hochschnellte. Katrin machte ihr das nach. Das schien Nina große Freude zu bereiten. Sie wiederholte die Bewegung, begann auch neue auszuprobieren, und Katrin folgte ihrem Beispiel, quietschend vor Vergnügen. Ein Frage- und Antwortspiel, das ohne Worte auskam. Die Stimmung stieg, und als sich Nina plötzlich auf den Boden plumpsen ließ und die Beine in die Luft streckte, machte ihr Katrin auch das kreischend nach. Dann sprang sie unvermutet auf und rannte davon. Sie versteckte sich hinter dem Fenstervorhang. Nina rannte hinterher, drohte zu stolpern, konnte sich aber auffangen –

kicherndes Gekuschel hinter dem Vorhang. Nina tauchte als erste wieder auf, rannte ein Stück durchs Zimmer und blieb stehen, bis Katrin da war. Was jetzt? Auf Ninas Gesicht zeichnete sich die Frage nach weiteren Unterhaltungen ab, die sie Katrin bieten konnte. Ein ganzes knisterndes Gedankenpaket hätte man in einer Sprechblase unterbringen müssen, wäre es eine gezeichnete Szene. Wieder standen die beiden voreinander. Nina hob die Hände, noch unschlüssig, was nun zu tun sei, und sie bekam, weil sie zufällig nah genug stand, den Zipfel der Tischdecke zu fassen. Da hatte sie etwas in der Hand, das einen gewissen Widerstand bot und zum Ziehen reizte. Nicht, daß Nina nicht gewußt hätte, was auf dem Tisch stand. Sie war ja auch schon groß und konnte über die Tischkante schauen. Aber jetzt gerade schien sie gar nichts zu sehen. Im Banne von Katrins Augen, die auf weitere Aktionen warteten, begann Nina an den Zipfeln zu ziehen. Katrin hüpfte herbei und ergriff den anderen Zipfel der Tischdecke. Sie zog ihrerseits. Noch ein Stückchen und noch ein Stückchen zogen die beiden Lausemädchen das Geschirr in gefährliche Zonen.

Zum Glück kam Ninas Mutter herein, rief die Kinder empört zur Ordnung, verschwand aber gleich wieder, um den Kaffee zu kochen.

Einen Augenblick von diesem lohnenden Tatort abgelenkt, ging das Spiel anders weiter. Aber die Zipfel der Tischdecke hatten es beiden angetan und stellten wahrscheinlich durch das Verbot der Mutter jetzt eine um so größere Herausforderung dar.

Auch wenn für die beiden der Reiz des Verbotenen noch keine allzu große Macht hatte und sie ganz gewiß die Folgen eines Unglücks nicht realistisch voraussehen konnten, so hatten sie doch schon ein Bewußtsein für Dinge, die verboten und solche, die gestattet waren. Und es kam nun darauf an, wie sie sich, oder ob sie sich über all das hinwegsetzen sollten, um in den Augen der jeweils anderen allmächtig oder jedenfalls möglichst stark und selbstbestimmend dazustehen.

Die ganze Sache ist Ausdruck des Interessenkonfliktes zwischen den Notwendigkeiten der Erwachsenen und denen der Kinder. Sie wurde schnell entschieden, als Katrins Augen Nina erwartungsvoll trafen.

Nina hüpfte wie beiläufig wieder in die Nähe des Tisches, schlüpfte unter die Eckzipfel des Tischtuchs und zog. Ermutigt eilte Katrin hinzu und tat es Nina gleich.

Und nun ging alles sehr schnell. Die Zurückhaltung von kurz zuvor mußte sich entladen. Die Mädchen zoppelten und zogen, bis die Gedecke zu Boden klirrten.

Bei diesem Geräusch der Zerstörung aber fiel der ganze Triumph von Stärke und solidarischem Mutwillen in sich zusammen.

Beide Kinder schrieen zu Tode erschrocken auf, die Eltern rannten herbei, ebenfalls schreiend. Die Katastrophe war komplett.

Die erste Regung von Ninas Mutter war, die Kinder wütend ins Kinderzimmer zu schicken. Aber angesichts des Jammers der beiden Mädchen, die beschämt schluchzend auf das Durcheinander starrten, nahmen die Mütter ihre Kinder in die Arme. Die Väter machten sich ans Aufräumen. Der heiße Kaffee hatte noch nicht auf dem Tisch gestanden, und auch sonst hielt sich der Schaden in Grenzen. Der Kaffee wurde getrunken, und der Kuchen wurde gegessen.

Für Nina und Katrin war dies der Anfang einer intensiven Freundschaft. Noch am gleichen Nachmittag spielten sie in Ninas Zimmer friedlich und beruhigt miteinander. Sie hatten ihre Annäherungsrituale hinter sich und hatten eine Katastrophe überstanden. Jetzt spielten sie vor sich hin schnatternd wie kleine Entchen, die glücklich über ihr Zusammensein sind.

Von David, der etwas älter als Nina ist, gibt es eine ähnliche Geschichte. David ist schon sechs Jahre alt. Es haftet ihm der Ruf eines wilden Kindes an, das seine Eltern arg strapaziere und sich kaum bändigen lasse. Die Eltern beschweren sich vor allem, David habe es darauf angelegt, einen provokativen Lärm zu veranstalten, wenn sein Freund Miles nachmittags zu ihm kommt. Die Erwartung, die beiden würden friedlich miteinander spielen, wird immer wieder enttäuscht.

Rücksichtslos sei das, meint die Mutter. Mit gewaltigem Getöse leere David eine Kiste mit Legosteinen aus, dazu die Kiste mit den Bauklötzen und andere Behälter mit Spielzeug. Der Radau sei nicht auszuhalten. Dann tobten die beiden in der ganzen Unordnung herum. Das könne ja nicht normal sein!

Bei näherem Hinsehen hat sich aber alles als völlig normal herausgestellt. Es war sogar so, daß David ein sehr gut erzogenes Kind war, das den hohen Erwartungen seiner Eltern zu entsprechen versuchte, wo er nur konnte. Er tat das bis zur absoluten Selbstüberforderung.

Zum Glück bewahrte ihn seine unbändige Vitalität davor, den übertriebenen Anpassungsbemühungen zu erliegen. Mit seiner Begabung und seinem feinen Gespür für die elterliche Erwartung hätte er leicht klein beigeben und ein zurückgenommenes, abwartendes, vielleicht sogar depressiv-passives Verhalten annehmen können. Was tut ein Kind nicht alles, um die Liebe der Eltern nicht zu verlieren.

Seinen guten Willen zeigte er abends beim Aufräumen, wenn er fleißig mithalf, die alte Ordnung wieder herzustellen. Aber so ganz schien diese dem Erwachsenendenken entsprungene Ordnungsvorstellung seinen Bedürfnissen nicht zu entsprechen. Er hätte vielleicht gern in dem Chaos vom Nachmittag noch weitergeträumt, wenn wenigstens etwas davon hätte überleben dürfen. Es hätte ihm ein Gefühl für die Stimmigkeit seiner Umgebung geben können, denn sein Zimmer umschließt ihn ja wie eine etwas weiter gespannte Haut.

Der Verdacht liegt nahe, daß David Miles dringend braucht, um den Konflikt zwischen Selbstdarstellung und Anpassung zu lösen. Er braucht Miles' Gegenwart als Legitimation für die Demonstrationen des Lärmens.

Wieviel ihm daran liegt, erfährt die Kindergärtnerin, wenn David strahlend erzählt: „Heute kommt Miles wieder zu mir spielen."

Mit Miles zusammen wagt es David, sich selbst zu zeigen, übertrieben, ausufernd, aber echt. Der Krach ist herrlich. Hörst du, hört ihr alle, wer ich bin und wie ich bin? Wenn Miles da ist, schimpfen die Eltern weniger, fahren sie weniger dazwischen. Im unteren Stockwerk wird der Lärm stöhnend ertragen – stöhnend – aber immerhin.

Und nach einigen Wochen hatte sich das „dumme Getue" erübrigt.

David und Miles hatten zu anderen Spielen gefunden, zu denen sie sich ruhig hinsetzen konnten. Miles hatte sich Davids Freundschaft durch seine Unerschütterlichkeit erworben. Er hatte bei dem Krach nicht nur nicht mit der Wimper gezuckt, sondern auch noch nachgeholfen. Und David war sich seiner selbst sicherer geworden und konnte sich nun auch seinem Freund von einer ganz anderen Seite zeigen. Das Zimmer verwandelte sich ihren Fantasien entsprechend bald in einen Urwald, bald in eine Räuberhöhle, und abenteuerliche Geschichten begannen sich zu entwickeln – keine Spur von Chaos – in der Konsequenz des spielerisch Erdachten und im kommunikativen Austausch zwischen beiden Freunden, die ihre Rollen darin fanden.

Da konnte es plötzlich so still werden, daß man sich im unteren Stockwerk fragte: Wo sind eigentlich die Kinder?

Ade, liebe Oma

Suche nach dem Freund als Hilfe in der Trotzphase

Jetzt reicht's! Ich habe die Nase voll, dachte Hansl. Schon wieder hat sie was zu meckern. Die Ellenbogen soll ich vom Tisch nehmen, schon wieder soll ich geschmatzt haben, und die Jacke hätte ich auch aufhängen sollen. Ja, wo sind wir hier eigentlich, und weiß sie überhaupt, wen sie vor sich hat? Die Mutter steht ärgerlich da. Hansl wird sie abblitzen lassen; er ist wütend und rüstet sich für einen unheimlich starken Abgang. Gleich hast du mich gesehen. Er bläht sich zur vollen Größe auf und schlüpft, um groß und stark genug zu sein, in die Haut eines Bären – nein nicht eines beliebigen Bären – in die eines Zottelbären. Und um sich seiner Gestalt auch absolut sicher zu sein, greift er nach seinem roten Stühlchen, das ihn, wenn er auf ihm steht, mächtig und riesengroß erscheinen läßt. So.

Das Stühlchen unter dem Arm wendet er sich weg, würdigt die Mutter keines Blickes. Er wendet sich kurz zu dem Sessel um, von dem her die Stricknadeln klimperklappern: Ade, liebe Oma.

Schnurstracks führt der Weg zur Schule. Der Direktor wird angeknurrt. Er muß hitzefrei geben, der Zottelbär will Peter Freese loseisen. Peter Freese ist sein bester Freund und geht schon zur Schule. Jetzt handelt es sich um einen Freundesdienst – es muß etwas unternommen werden.

Erst einmal regelt der Zottelbär den Straßenverkehr. Da kommt sein rotes Stühlchen voll zur Geltung. Der Zottelbär schafft sich Respekt bei den Autofahrern, sie müssen die Straße für die alten Leute frei machen und für die Kinder zum Spielen. Der Zottelbär tut Gutes, er hat's im Griff.

Dann kauft er für sich selbst und Peter Freese ein Auto. Was sage ich, er bekommt es selbstverständlich geschenkt, denn es ist eine Ehre, den Zottelbären als Kunden zu haben.

Auf der Spazierfahrt hat der Zottelbär Gelegenheit, seine Größenfantasien kräftig auszubauen. Wenn ein Fluß ihnen in die Quere kommt, wird das Auto einfach darüber gehoben. Und ein umgestürzter Unimog wird – alle mal zurücktreten – kurzerhand vom Zottelbär aus dem Graben gehievt. Peter Freese sieht sich das alles aus respektvoller Entfernung an. Seine lässige Haltung drückt aus, daß all dies selbstverständlich ist. Als alles erledigt ist und der Tag zur Neige geht, muß sich der Zottelbär zu seiner letzten größten Größe aufblähen, er muß Peter Freese an seine Schulaufgaben erinnern und ihn nach Hause schicken, nicht ohne ihm vorher das Auto geschenkt zu haben. Dann schaut der Zottelbär bei seiner Freundin Putti rein und erzählt ihr alles. Er gibt ihr einen dicken Schmatz, und sie sagt: „Du bist wirklich ein großer Zottelbär." Und da kuschelt er sich neben sie und kann in seine Haut zurückschlüpfen: „Aber der Hansl bin ich auch."

Diese kleine Geschichte aus einem Kinderbuch von Janosch beschreibt mit psychologischem Feingefühl eine typische Situation eines Vorschulkindes und führt in ein zentrales Thema dieser Zeit ein: das Dilemma zwischen Autonomie und Anpassung, Selbständigkeit und Abhängigkeit, Initiative und Schuldgefühl. Die beiden Freundesfiguren, Peter Freese in der Position des zuschauenden Unterstützers und Putti als liebende und tröstende Freundin, die den Zottelbären von seiner Verstiegenheit erlöst, sind unerläßliche Helfer beim Versuch, das Größenselbst gegen schmälernde Eingriffe zu verteidigen. Sie sind letztlich die unentbehrlichen Helfer, wenn Kinder lernen, „nein" zu sagen.

Ich denke, wir Erziehenden waren alle schon in der Situation dieser Mutter, wie sie zum x-tenmal auf etwas hinweist, wie sie versucht, ihrem kleinen Lümmel Anstand beizubringen. „Das ist ja zum Junge-Hunde-Kriegen", hat meine Tante immer gesagt, womit sie auf die Vergeblichkeit ihrer unablässigen Bemühungen hinwies. Wie man sich da gegenseitig auf die Nerven geht und sich die Situation zuspitzt, bis es plötzlich tatsächlich nur noch darum geht, wer als Sieger aus ihr hervorgeht.

Der Hansl ist ein Junge, der gerade ein Gefühl für sich und seinen eigenen Wert entwickelt hat. Er ist groß, will am liebsten schon größer sein, wie der Peter Freese vielleicht, der schon zur Schule geht. Er ist stolz auf seine Fähigkeiten, seine Bewegungen, Reaktionen. Seine Leidenschaften und Gedanken setzt er sofort in die Tat um, und dies ganz ungebrochen, ungehemmt durch falsche Vorsichten. Er ist arglos und gewalttätig zugleich, und seine impulsiven Äußerungen können Erschrecken und Bestürzung auslösen. Gerade war er noch so fügsam und süß. Jetzt schmilzt der Babyspeck. Hansl ist überdies dabei, philosophische Weltbetrachtungen anzustellen und seine Sprache zur Verarbeitung dieser Betrachtungen zu benützen. Er weiß, wovon er redet, wenn er den

Verkehr nach seiner Logik regeln will. Endlich sollen die Benachteiligten, die schwächeren Gruppen, zu ihrem Recht kommen. Ein Altruismus, der nur für den gelten kann, der sich stärker als die Schwachen fühlt.

Er setzt in seiner Fantasie seine Ziele durch, wie jenes kleine Mädchen, das mir erklärte: „Wenn ich einmal Oberkrankenschwester bin, mache ich alle Leute gesund, daß niemand mehr stirbt."

Mit der Intaktheit von Körper und Geist ist, wie diese Beispiele vermitteln, eine große Verletzlichkeit verbunden.

In der rasanten Entwicklung, die das Kind in der ersten Lebenszeit durchläuft, werden alle neuen Errungenschaften oft und oft ausprobiert, damit sie zu einer sicheren Basis für das erstarkende Selbstbewußtsein werden können.

Und so kommt es, daß der Erziehungsversuch zum x-ten Mal zur notwendigen Weigerung des Kindes führt, die sich durch trotzige Selbstbehauptung auszeichnet. Das Selbstwertgefühl ist labil, es muß sich kräftigen. Und dazu gehört, wie zu allem, das sich langsam einpendelt, das Über-die-Stränge-Schlagen.

Hier prallt der Anspruch der Erziehung auf das natürliche Bedürfnis, selbst herauszufinden und zu bestimmen, was gelten soll. Diese konfliktreiche Situation führt dazu – zusammen mit der Verunsicherung durch die vielfältigen Weltgeheimnisse, für die es noch keine Namen gibt –, daß die Kinderseele heftig aufgewühlt wird.

Kein Wunder, wenn Hansl, dem es wie allen Kindern geht, darüber vergißt, daß er beim Essen nicht mit den Beinen schaukeln oder die Ellenbogen nicht auf den Tisch stützen soll.

Jedenfalls will er sich durch die mütterlichen Hinweise nicht in Frage stellen lassen. Seine Unsicherheit verträgt diese Kränkung nicht. Er ist mit so vielen Dingen beschäftigt, denen er trotzen und Widerstand entgegenbringen muß. Und was liegt näher, als das Zuhause zum Übungsplatz zu erklären?

Die Rolle des Zottelbären hilft ihm bei der Einübung des Widerstandes, auch wenn es die Mutter an den Rand der Verzweiflung treiben kann. Hansl muß es durchziehen; er muß jetzt Konsequenz zeigen. Und doch sagt ihm ein untrügliches Gefühl, daß dieser Abgang nicht die endgültige Besiegelung des Schicksals bedeuten darf. Hier ist das Dilemma. Hansl kämpft um seine Unabhängigkeit und ist doch ganz abhängig.

Das wird spätestens dann spürbar, wenn ihn vor der zugeknallten Tür die frische Luft anweht und er ein Ziehen in der Herzgegend spürt, das mit Alleinsein zu tun hat. Nun, der Mutter hat er ja vorsichtshalber nicht ade gesagt. Bei der Oma ist es weniger riskant, die ist und bleibt sowieso immer dabei.

In diesem Moment kommt's darauf an, nur ja jetzt die Wut nicht zu verlieren. In Zerknirschung darf's nicht umschlagen –, so ein Gewaltakt erfordert einiges Durchhaltevermögen.

Hansls Wut reicht zum Glück aus, sie führt ihn zu seinem Freund, den er jetzt dringend braucht.

Peter Freese in Janoschs Geschichte erweist sich als genau der richtige. Peter Freese ist geduldig. Er trottet mit, begleitet die Eskapaden des Zottelbären mit unaufdringlicher Präsenz. Hansl ist sicher, daß hier einer ist, der ihn versteht, der ihn in seiner ganzen Größe schätzt. Jedenfalls kann er dies alles auf seinen Freund projizieren.

Der Grund dafür, daß Peter Freese sich das alles gefallen läßt, liegt darin, daß es ihm offensichtlich wohltut, einen solchen Draufgänger an seiner Seite zu haben. Man könnte ja auch auf die Idee kommen, Hansl benütze ihn ganz egozentrisch für seine Bedürfnisse. Na und? Erstens ist Peter Freese älter, versteht daher den Kleineren; vielleicht fühlt er sich von dessen Freundschaftsangebot auch geschmeichelt, und des weiteren ist anzunehmen, daß er eine ganze Portion Energie von Hansls Kraftprotzerei für sich abzapft. Manchmal ist es sehr bequem, wenn andere tatsächlich durchstehen, was man selbst schon lange wollte. Ganz sicher also haben beide etwas von der Situation.

Freunde verhalten sich oft kompensativ zueinander. So wie Peter Freese mittrottet und beobachtend dabeisteht, mit etwas schlaffem Rücken, ist nicht zu vermuten, daß er der Widerspruchstyp ist. Er aber hat Ruhe und Geduld, und die braucht Hansl.

Da dies ja auch Hansls Geschichte ist und die Kräfte zwischen Freunden nicht immer gleich verteilt sein können, ist Peter Freeses Gegenwart für Hansl von mehrfachem Nutzen. Erstens ist Peter Freese Zuflucht. Er ist der erste, den Hansl sucht, als er sich „allein" auf der Welt fühlt. Dann ist er für ihn Spiegel, in dessen bestätigender Rückmeldung sich Hansl mit seinen Kräften wahrnimmt. Erst so kann er sich ihrer versichern. Weiter ist der Freund auch Garant dafür, daß er die Übung nicht frühzeitig abbrechen und demütig zurückkrebsen muß. Und nicht zuletzt muß Peter Freese am Schluß noch herhalten, wenn Hansl den ganzen Frust über die penetrante mütterliche Belehrung noch einmal zusammenfaßt und an ihm ausläßt. Er behandelt den Freund wie einen unmündigen Kleinen, der selbst nicht an seine Hausaufgaben denken kann.

Da kommt's noch einmal über ihn, das ganze Elend, und vielleicht kann er die Sache nur loswerden, wenn er sich in dieser rotzfrech anmutenden Art des Freundes entledigt, der jetzt seine Aufgabe erfüllt hat.

Hoffentlich kann sich Peter Freese das mal in vollem Umfang zurückholen, denke ich als erwachsene Leserin.

In einem weiteren Schritt muß Hansl nun prüfen, ob er, all der Abenteuer müde, nach diesem Ausflug noch geliebt wird. Ja, seine Freundin Putti bewundert und liebt ihn. Das ist sicher.

Aber auch mit der Mutter wird der Versöhnungskuß gewechselt, denke ich, und der Zottelbär kann sein Fell für eine Weile wieder ausziehen.

Ich sehe die Oma, die für Hansls effektvollen Abgang herhalten mußte, hinter ihrer Brille hervorlächeln. Auch sie gehört zu seinen Freunden, denn ganz selbstverständlich, genauso wie er sich den Peter Freese zu Hilfe geholt hat, hat er mit ihrem Verständnis gerechnet. Das „Ade, liebe Oma" klingt wie ein abgekartetes Spiel zwischen Komplizen.

Die Oma kann Hansl wahrscheinlich am besten verstehen. Sie hat Zeit, in ihren Erinnerungen die zurückliegende Zeit zu befragen. Sie weiß am besten, was ihn bewegt und welchen Abenteuern er sich auszusetzen hat, jetzt, da er aus den Windeln herausgewachsen ist. Fast ein Leben liegt zwischen ihnen, und eben in diesem Abstand liegt das Geheimnis ihrer Nähe. Wenn sie auch nicht unmittelbar im Geschehen steht, so hat sie doch große Bedeutung als ein ruhender Pol. Sie begleitet ihren Hansl in Gedanken, indem sie ihm gute Wünsche mit in die Pullovermaschen strickt.

Und das weiß das Kind, Großmütter können immer ein gutes Wort für einen einlegen.

Und die Mutter? Der Mutter ist zu wünschen, daß sie dies alles aushält, denn um sie dreht sich alles. Der Abschied, der unter Trotz eingeübt wird, gilt ihr. Sie muß verstehen, daß die damit verbundenen Kräfte, die aktiviert werden, der Lebensbewältigung dienen. Ein festes „Nein" äußern zu können, heißt schließlich auch, zu einem bewußten „Ja" fähig zu werden.

An der Standfestigkeit der Mutter erweist sich der Halt, den alle Kinder, die wie Hansl sind, so dringend brauchen.

Kinder wachsen, Eltern auch?

Reaktionen der Eltern
auf die Kontaktaufnahme der Kinder

Als ich klein war und morgens vor der Schule das Butter-
brot verschlang und die Milch runterkippte, um bereit
zu sein, wenn es klingelte und meine Freundin kam, um
mich abzuholen – ich konnte den Augenblick kaum
erwarten –, sagte meine Mutter oft: „Ihr beide seid ein
richtiges Päckchen." Sie hatte dabei einen gewissen
Glanz in den Augen. Später habe ich mir oft überlegt,
was sie wohl damit gemeint haben mag, und im Zuge
dieser Überlegungen schlich sich der Verdacht ein, sie
könne Päckchen mit Pärchen verwechselt haben. Das
Bild eines Päckchens, in dem die zusammengepackten
Dinge eng aneinander gepreßt liegen und zum besseren
Zusammenhalten außenherum mit einer Schnur ver-
schnürt werden, wollte auf mein Gefühl der Verbundenheit mit meiner Freundin nicht zutreffen.

„Ihr seid ein richtiges Pärchen", hätte mir besser
gefallen, auch wenn man darunter eher den Zusammen-
schluß von einem Jungen und einem Mädchen versteht.
Ein Pärchen dagegen ist auf keinen Fall ein Gegenstand,
dessen Einzelteile aneinandergepreßt verharren, sondern
es geht um das Zusammensein zweier lebendiger Menschen, und die verhalten sich beweglich zueinander. Ich
sah uns, auch wenn meine Freundin nicht da war, in der
Fantasie miteinander Dinge tun, miteinander hüpfen,
plaudern, uns bei der Hand halten und loslassen, lachen,
rennen, zusammenkuscheln oder auch streiten.

Das Bild vom Päckchen wurde immer unbrauchbarer, denn die Schnur erwies sich als vollkommen überflüssig. Zwischen mir und meiner Freundin bestand eine innere Verbindung, eine selbst gefundene oder selbst gewachsene, die elastisch war, und nichts mußte uns von außen halten oder verknoten. Und das war das Entscheidende: Wir hatten es selbst gemacht, nur sie und ich hatten irgendwie gemerkt, daß wir Freundinnen sein wollten.

Und mit dem Augenblick, da sich das Bild des Päckchens auflöste, wurde ich mir meiner kritischen Gedanken der Mutter gegenüber bewußt, ich wurde hellhörig, und ein Feingefühl für die raffinierten Versuche meiner Eltern, mich zu manipulieren, wuchs. Mit den wohlwollenden Päckchenaussprüchen hatte meine Mutter sehr deutlich gezeigt, wie lieb ihr meine Verbindung mit gerade diesem Mädchen war. Bei ähnlichen Äußerungen spürte ich zunehmend Ärger, weil sie meine Wahl in Zweifel zu ziehen versuchte, zumindest diese Freundin als Zufallstreffer betrachtete, der genau in *ihr* Weltbild paßte.

Meine Freundin habe ich in der ersten Klasse kennengelernt, und später durfte ich neben ihr sitzen. Was mich innerlich anzog, kann ich nicht beschreiben. Aber ich erinnere mich daran, daß mich ihre Waden beeindruckten. Meistens trug meine Freundin knappe weiße Kniestrümpfe mit Lochmuster. Und die waren straff über die Waden gezogen, viel zu straff, denn wenn die Strümpfe verrutschten, sah ich eine rötliche Furche in der Wadenhaut, die ich immer wieder anstarren mußte.

Vielleicht lag die Faszination (neben anderem) darin, daß die zu kurzen Strümpfe auf das Wachstum hinwiesen, das ich bei mir selber nicht wahrnehmen konnte. Aus Sparsamkeitsgründen bekam ich immer viel zu große Sachen, in die ich hineinwachsen sollte. Meine Freundin war in der glücklichen Lage, täglich zu merken, daß sie heranwuchs. Und durch die freundliche Identifikation mit ihrer malträtierten Wadenhaut durfte ich mich an ihrem Größerwerden beteiligen. Ganz ähnlich verhielt es sich mit den Röcken, die bei meiner Freundin als ein kesses Fast-zu-Kurz weit über den Knien schwangen, bei mir aber in Kniehöhe schlotterten. Außerdem roch meine Freundin morgens deutlich nach Pfefferminz, und dies sorgte für weitere Irritation meinerseits. Offensichtlich wurde sie zum Zähneputzen nach dem Frühstück angehalten, was damals noch nicht zu den hygienischen Selbstverständlichkeiten gehörte. Auch an dieser Eigenart meiner Freundin partizipierte ich, wenn sie in ihrer Pfefferminzwolke wie eine parfümierte Prinzessin neben mir saß.

Ich hatte einen sehr weiten Schulweg und konnte den Zahnputzgeschmack nicht in die Schule hinein retten, jedenfalls nahm ich ihn an mir, dort angekommen, nicht mehr wahr.

Meine Freundin trug eine Brille, eine leichte, deren Gläser in einen feinen hellen Rahmen gefaßt waren. Sie gaben mit ihren spiegelnden Flächen dem Gesicht einen Ausdruck von so gründlicher Sauberkeit, daß ich auch davon etwas abzukriegen hoffte. Durch diese auf mich abstrahlenden Glanzlichter fühlte ich mich stark aufgewertet.

Was meine Freundin an mir fand, weiß ich nicht, es wurde zwischen uns nie besprochen, was wir aneinander hatten. Ich vermute aber, daß es für sie ähnlich gewesen ist, denn auch sie bestand auf unserem Zusammensein – wir waren uns einig. Wir lachten über die gleichen Situationen, kicherten und tuschelten miteinander und bissen abwechselnd in der anderen Pausenbrot. Später besuchten wir uns gegenseitig zu Hause, und unsere Freundschaft wuchs mit uns in unsere Jungmädchenjahre hinein. Manchmal glaubten wir, nicht ohne einander auskommen zu können.

Später verloren wir uns aus den Augen. Familienbedingte Veränderungen, Trennungen, Umzüge. Christel ist trotzdem meine beste Freundin geblieben, denn es gibt zwischen uns einige ganz frühe Geheimnisse.

Daß genau sie es war und keine andere, auch das bleibt geheimnisvoll. Sie muß für mich ein inneres Gewebe zum Knüpfen des Freundschaftsbandes bereitgehalten haben und ich für sie. Eine undurchschaubare Anziehung, die uns beiden das Gefühl des Vertrautseins und Ineinanderaufgehobenseins vermittelt hat. Von all dem hat meine Mutter nie etwas erfahren.

Was da genau geschieht, das entzieht sich in diesem Alter noch ganz der Möglichkeit der Reflexion.

Es muß sich aber um etwas ganz Ähnliches handeln wie das, was Goethe als Anziehungsprinzip in den Wahlverwandtschaften beschreibt. „In trüber Leidenschaftlichkeit", also unbewußt, ziehen dort Personen einander an, die wie chemische Stoffe beim Zusammentreffen mit anderen sich aus alten Verbindungen lösen und neue eingehen. Sie werden zu neuen Stoffen. Ob zu ihrem Heil oder Unheil, das bleibe dahingestellt.

Tatsächlich weiß ich nicht, ob die Freundschaft mit meiner Christel eine die wechselvollen Ereignisse des Lebens überdauernde und uns beide fördernde Beziehung geblieben wäre.

In dieser frühen Zeit geschieht dies alles ganz unbewußt und spontan. Die gegenseitigen Projektionen wirken unmittelbar aufeinander, sie werden nicht hinterfragt und noch nicht durch komplizierte zwischenmenschliche Auseinandersetzung gebrochen, was zu einer Verbindung oder Verbündung auf bewußterer Ebene führen könnte.

Aber ganz besonders im letzten Fall, wenn die Suche nach Freundschaft bewußter wird, wenn die innere „Wahlverwandtschaft", die uns zu einem anderen Menschen treibt, durch eine kritische Zustimmung ergänzt wird, ist das Freundschaftschließen ein aktives Knüpfen und Verbinden. Ich weiß dann neben allem, was sich so unterschwellig tut: Ich will mit ihr oder mit ihm befreundet sein.

Die Alltagssprache spiegelt die Freundschaftsbedingungen: Wir bändeln an, wir schwören ein Treuebündnis, wir gehören einer Freundesbande an. Aus dem Bedürfnis heraus, der Isolation zu entgehen, suchen wir freundschaftliches Verbundensein.

Dagegen bewegen wir uns immer dezidierter von dem weg, was uns schnüren und festhalten könnte. Wir wollen uns frei fühlen. Die Nabelschnur ist zwar durchtrennt, aber wir müssen sie unseren inneren Reifeprozessen folgend im übertragenen Sinn immer wieder und definitiver durchtrennen.

Das Freundschaftspäckchen, das Mütter manchmal so gerne schnüren möchten, entpuppt sich in diesem Zusammenhang als ihr eigenes Bedürfnis, ihr Kind eng bei sich zu behalten und höchstens in eine von ihnen kontrollierte Freundschaftssituation zu entlassen. Aber Freundschaft erstickt, wenn sie geschnürt oder ihr sonst Gewalt angetan wird. Freundschaft basiert allein auf der Lust und der Freiwilligkeit des Zusammenseins.

Kinder suchen Verankerung und Halt in neuen Bindungen. Und das bedeutet für die Eltern die Herausforderung, die Entwicklung der Kinder nicht nur zu begleiten, sondern kreativ, das heißt mit eigener Entwicklung zu beantworten. Jeder Entwicklungsschritt des Kindes verändert nämlich die elterliche Funktion und ruft zu neuen Reaktionen auf. Korrekturen im Erziehungsverhalten sind unumgänglich, alte Muster verlangen, hinterfragt und vielleicht ersetzt zu werden. Dann kann die Beziehung zwischen Eltern und Kindern lebendig bleiben.

An den Naht- und Bruchstellen der Entwicklung, wenn sich neue Fähigkeiten etablieren wollen, brauchen Kinder ihre Eltern ganz besonders, denn es sind Zeiten der Beunruhigung.

Eltern, die sich dieser Bedingungen bewußt sind, verschmerzen auch das Flüggewerden ihrer Kinder, weil sie sich nicht überflüssig vorkommen müssen. Im Gegenteil. Immer neu werden sie gebraucht.

Da sich Entwicklung aber naturgemäß oft ganz heimlich oder auch plötzlich sprunghaft ereignet, hinken sie als Erwachsene oft atemlos hinterher, verstehen noch nicht und machen Fehler.

Aber auch das gehört dazu. Der neue Zustand und das Wissen um ihn muß sich etablieren dürfen. Auch Kinder machen Fehler. Sie sind schroff oder unverschämt fordernd oder in nie gekannter Weise trotzig und verschlossen. Die Eltern fühlen sich vor den Kopf gestoßen. Womit haben sie das verdient?

Natürlich reagieren sie zunächst aus alter Gewohnheit heraus, bevor das Unerwartete eingeordnet werden kann. Von beiden Seiten her ist immer wieder Annäherung notwendig und vor allem Transparenz. Wenn ich etwa meinem Kind erkläre, was mich traurig macht, oder was ich nicht verstehen kann, und gleichzeitig andeute, daß ich mich um Verständnis bemühe, gebe ich ihm die beste Gelegenheit, Vertrauen zu entwickeln, von sich zu erzählen und sich zu entlasten. Wenn ein Kind fühlt, daß seine Reaktionen, die die Eltern womöglich ungerechterweise treffen und deren es sich schämt, verstanden werden, kann es zugänglich für neues Einvernehmen werden, Schuldgefühle abbauen, und ein neuer Beziehungsversuch kann unternommen werden.

Patrick stürmt nach der Schule mit seinem neuen Freund Nils die Treppe herauf, schmeißt die Jacke in den Flur, reißt in der Küche den Kühlschrank auf und schreit: „Eis her!"

Der Freund steht grinsend daneben und wartet interessiert den sich anbahnenden Streit zwischen Patrick und seiner Mutter ab. „Was fällt dir ein, du weißt genau, daß wir gleich essen und überhaupt, häng erst mal deine Jacke auf. Was soll denn Nils von dir denken?"

Die Mutter jagt beide Buben aus der Küche, dann schickt sie Nils nach Hause und ruft Patrick zum Essen.

Patrick benimmt sich natürlich unmöglich. Er macht eine riesige Szene, ißt nichts, beschimpft seine Mutter aufs Schmählichste. Das sonst so geliebte Hühnerbein und der Salat werden zum Saufraß, den sie sich sonst wohin stecken kann. Tränen. Die Mutter räumt beleidigt auf. Patrick hat durchgetrotzt und vorbeugend angemeldet: „Wenn du denkst, ich esse das heute abend, hast du dich getäuscht." Und dabei hatte sie sich heute besondere Mühe gegeben.

Erst als Patrick wieder in der Schule ist und sie die Szene noch einmal an sich vorüberziehen läßt, stolpert sie über ein merkwürdiges Gefühl, als sie in Erinnerung ihren Satz: „Was soll denn Nils von dir denken?" wiederholt. Ja, was soll Nils eigentlich denken? Er soll

Patrick bewundern, soll seine Bestimmungsgewalt zu Hause erleben, wenn ihn die Schlecklust überkommt. Eis her! Toll! Da sollte Nils denken: „Donnerwetter, der Patrick kann's." Und er sollte denken: „Den muß ich mir als Freund warmhalten, der wagt, was ich mich nicht getraue."

Und die Mutter begreift, daß hier nicht die Vernunft und der Schutz vor einem verdorbenen Magen – das Eisverbot – wichtig war. Wichtig wäre vielmehr gewesen, daß Patrick durch seine Demonstration einmal so richtig groß hätte rauskommen können. Wer weiß, wie lange er sich um diesen Nils schon bemüht hat.

Vielleicht hätte schon genügt, einen Kommentar zur Sache zu machen, der den Mutwillen aufgenommen oder umgelenkt hätte. Etwas Süßes für die „wilden Männer" hätte sich bestimmt finden lassen. Was sind denn das für dumme alte Gesetze: Vor dem Essen wird nicht genascht. Manchmal ist die Schule anstrengend, und das Bedürfnis nach etwas Süßem hat auch physiologisch seine Berechtigung.

Nun, die gewiefte Mutter merkt etwas. Patricks Verhalten ist nicht gegen sie persönlich gerichtete Frechheit. Sie hat damit einen Wissensvorsprung bezüglich der Begebenheit, denn Patrick hat sich wahrscheinlich nichts weiter zu der Sache überlegen können.

Nun ist die Mutter zum zweiten Mal gefordert. Sie darf nämlich nicht den Fehler begehen, sich mit diesem Wissen auf Patrick zu stürzen, wenn er gleich heimkommt.

Ein Wissen tragen, es ganz einfach wissen, ist manchmal mehr, als es gleich wieder weiterzugeben.

Patrick kommt heim, tut, als sei nichts gewesen. Vielleicht hat er alles vergessen, vielleicht ist er ein guter

Verdränger, vielleicht tut es ihm auch leid, die Mutter gekränkt zu haben. Die Mutter kann das auf sich beruhen lassen. Ganz sicher aber wird Patrick in jedem Fall erleichtert sein und sich seiner Liebe zur Mutter neu sicher werden, wenn er erfahren darf, daß die Mutter ihn verstanden hat. Vielleicht kann sie ihm irgendwann sagen, daß sie Nils gut findet, daß sie für alle Fälle ein paar Süßigkeiten und neues Eis eingekauft habe. Vielleicht kann sie sogar hinzufügen, daß sie dazu neige, alten Gewohnheiten zu folgen. Eis sei möglicherweise gar nicht so schädlich vor dem Essen, wie sie es noch gelernt habe.

Sicher wird es dann eine Eis-her-Szene nicht mehr geben.

Aber erschöpft darf man auch mal sein als Erziehende. Es ist anstrengend und aufreibend, die Entwicklungsbewegungen der Kinder mitzuleben und sich selbst immer wieder dem Prozeß zu stellen. Ausgelernt haben Eltern nie, sie bekommen keine Garantie für ihr reifes Erwachsensein. Aber macht es nicht auch Freude, so gefordert zu sein? Welcher Gegenstand ist dafür lohnender als das Lebendige selbst?

In diesen und ähnlichen elterlichen Bemühungen um das Mitwachsen liegen die Keime für ein späteres Freundschaftsbündnis zwischen Eltern und Kindern. Was jetzt auf so viele Hindernisse stößt, die Neuorientierung verlangen, kann sich unter günstigen Umständen in ein generationenübergreifendes Selbstverständnis verwandeln.

Dann werden Eltern und Kinder, obwohl sie dies ein Leben lang bleiben, auf einer Lebensplattform gelandet sein, auf der die „Erwachsenen" leben.

Auch dieser Prozeß kommt einer Geburt gleich. Das

neu hergestellte Band, endgültig die Nabelschnur erset-
zend, entsteht nicht ohne Schmerzen. Immerhin bedeutet die Herauslösung aus dem elterlichen Hintergrund
gleichzeitig auch das Annehmen der traumatischen
Lebenstatsache, mit der sich Philosophie und Psycholo-
gie seit jeher beschäftigen: die Vertreibung aus dem Paradies. Auf sich selbst angewiesen sein, das heißt auch,
allein zu sein, sich selbst einer eigenen Lebensaufgabe
bewußt zu werden.

Alleinsein muß aber nicht gleich Einsamkeit sein.

Da uns die Modalität des Verbundenseins durch Urer-
fahrung mitgegeben ist, suchen wir neue Verbindungen.
Diese aber sind nach der Geburt nie mehr unmittelbar,
sondern immer mittelbar. Sie sind als Beziehungen, um
die wir uns bemühen, um derentwillen wir leiden oder
glücklich sind, für die wir kämpfen und Kompromisse
eingehen, kulturelle Leistungen.

Was geschieht im Häuschen?

Erste sexuelle Erfahrungen
im gemeinsamen Spiel

Wenn's still wird im Kinderzimmer, so als geschähe gar nichts, ist das Spiel auf dem Höhepunkt seiner Intensität angelangt. Etwas Faszinierendes, das Aufmerksamkeit und Hingabe zu besonderem Maße verlangt, spielt sich dann ab. Es soll von keiner Störung oder Kontrolle bedroht werden.

Unter dezidiertem Ausschluß der Erwachsenen suchen Kinder im Schutz der Umzäumung, die man Kinderzimmer nennt, in spontan entstehenden Spielen Zugang zu gewissen Lebensrätseln. Es werden Mauern gegen Einblicke errichtet, die zu sagen scheinen: Wenn ihr uns schon eine Kindheit zumeßt, dann akzeptiert gefälligst auch, daß wir uns darin einmal einschließen. Wir brauchen Geheimnisse und Ruhe.

Und diese Forderung der Kinder nach Intimität könnte wahrscheinlich von Erwachsenen auch ganz natürlich beantwortet werden, wenn nicht gerade in diesen Bereichen große Verunsicherungen herrschten und sie selbst nicht Probleme mit der bei den Kindern nun auftauchenden Thematik hätten.

Denn Kinder suchen dem Wesentlichsten, dem Geheimnis zwischen Mann und Frau. Und da sie in ihren Erforschungen sehr direkt vorgehen, sind ihre Annäherungen bei diesen Spielen auch recht handfest, denn zimperlich sind unsere Kinder nicht. In ihren Häuschen und dunklen Ecken, Möbelverschanzungen oder Waldhütten gehen Kinder ihren selbstbestimmten Wissensermittlungen nach.

„Jetzt würdest du mich mal untersuchen, ich bekäme nämlich bald ein Kind. Nachher wär ich dann deine Ärztin", sagt ein Mädchen.

Die verwendete Sprachform des Konjunktiv spielt eine Rolle als Sprachabgrenzung gegen die Erwachsenen. Hier sind sie unter sich, in der Welt der Fantasie, des Möglichen, Gewünschten oder Erdachten. Wenn etwas wäre oder geschehen könnte, dann befindet es sich noch in der spielerischen Schwebe, ist noch nicht in der Realität festgemacht, aber doch schon ein wenig vorweggenommen als prickelnd Ersehntes. Die Zukunft mit ihren Möglichkeiten und Privilegien des Erwachsenenlebens kann dadurch viel leichter im Kommenden belassen werden.

„Ich wäre deine Frau, und du würdest dich auf mich legen." Mit glühendem Gesicht kommt Irina aus der Spielecke und streicht sich eine Strähne aus der Stirn. Die Mutter, die im Nebenzimmer bügelt, bemerkt ihre Verwirrung. „Ich glaube, ihr braucht jetzt etwas für den Kaffeetisch", sagt sie und holt den Kindern den Nachmittagskuchen. Sie hat der Situation damit eine beruhigende Pause verschafft – ohne sich einzumischen.

Natürlich handelt es sich bei diesen Geheimnissen um die Sexualität und die Entdeckung der sexuellen Identität, nach der Kinder in diesem frühen Alter suchen.

Und da kann alle noch so gescheite Aufklärung nichts ersetzen, denn Erfahrung vermittelt ein erklärter Sachverhalt nicht. Erfahrungen in einem gut vorbereitenden

Sinn sammeln Kinder unter sich. Und auch hier gilt, daß Wissen zum Begriffenen werden kann, wenn sich Erleben mit ihm verbindet. Unter gleichaltrigen Spielpartnern wird thematisiert, was ganz selbstverständlich in die Wissensbegierde der Altersstufe von etwa vier- bis siebenjährigen Kindern paßt.

Das gibt diesen sexuellen Forschungsspielen ihre Berechtigung und zugleich auch ihren Schutz.

Von außen betrachtet gehören diese Spiele in die Kategorie der Rollenspiele. Vater-Mutter-Kind-Spiel, Doktor-Spiel oder Krankenschwester und Patient sind beliebte Themen. Emotionale und körperliche Nähe charakterisieren die Spielweise und ein gewisses Vertrauen, sich den „Behandlungen" zu überlassen. Denn Mut braucht es auch. Die aufregenden Berührungen, wenn der Doktor etwa mit seinen Instrumenten über den nackten Bauch fährt, den Blinddarm entfernt und den Bauch dann wieder zunäht, dies Gefühl zwischen Kitzel und Schmerz muß ja ausgehalten werden.

Das Tun und sich Antunlassen ist zugleich eine unersetzbare Übung des Ermessens, was für den Partner zumutbar ist. Nur der wird Freund oder Freundin bleiben, der auf Signale hört, der aufmerksam und feinfühlig ist. Denn echter Schmerz wird im Spiel nicht toleriert.

Also kein Grund zur Aufregung, wenn es still wird in der Häuschenecke. Und gut, wenn man das erschreckte Erstaunen in Humor verpacken kann wie Irinas Mutter. Als sie nach dem Bügeln einmal ins Kinderzimmer nachschauen ging, da war der Kuchen längst gegessen, und Irina tanzte mit ihren zwei Freunden im Zimmer herum. Alle hatten die Hosen ausgezogen. „Wir haben uns Spritzen gegeben", sagte sie fröhlich.

Elisabeth, eine heute längst erwachsene Frau, hat diese Spiele ganz anders erlebt. Sie weiß, wie schmerzvoll Nachwirkungen sein können, wenn Eltern kein Verständnis zeigen, wenn ihre Kontrolle die intimen kindlichen Annäherungen strafend unterbindet. Die angerichtete Zerstörung erweist sich wie so oft erst viel später, denn zunächst untersteht das Kind den elterlichen Erziehungsmaßnahmen und nimmt sie als gegeben hin. Aber irgendwann, wenn es erwachsen geworden, über Schwierigkeiten stolpert, führen die Gedanken zurück. Elisabeth hat ihre „Häuschengeschichte" aufgeschrieben.

„An einem Sommernachmittag durften wir im Schatten des Kirschbaums in unserem Garten eine Hütte bauen. Mein Bruder war dabei, und die Nachbarskinder, Theo und Erika, waren eingeladen. Wir hatten uns sehr auf den Nachmittag gefreut, denn wir durften relativ selten andere Kinder bei uns haben.

Wir spielten Familie und richteten uns in unserem Häuschen ein. Ein großes blaues Tuch hing über den auf Böcken liegenden Latten, bis zur Erde hing es auf allen Seiten herunter und ließ nur durch den zum Eingang hochgerafften Schlitz Licht herein, ein kühles, geheimnisvolles Licht. Wir hatten den Eingang wohlweislich gegen die Gartenmauer gerichtet, damit er vor dem Einblick der Erwachsenen geschützt war. So konnten wir ungestört sein. Innen legten wir eine alte Decke auf den Boden, eine Schachtel und ein paar kleine Kissen aus dem Puppenwagen bildeten die Inneneinrichtung nebst einem Korb mit dem Nachmittagsimbiß. Was wir sonst brauchten, suchten wir uns im Garten zusammen: Blätter, Hölzer usw. Die Einrichtung nahm einige Zeit in Anspruch, und es war deshalb ein ganz besonderer

Moment, als wir uns endlich alle zusammen im Häuschen niederließen und dicht aneinander gerückt unser Werk genossen. Selbst gemacht, ein eigenes Haus! Theo und ich als Eltern nahmen sofort unsere Erziehungsaufgabe wahr und schickten die Kinder erst mal nach draußen zum Spielen. Wir richteten uns genüßlich in unserem Elterngefühl ein, es war ganz unbeschreiblich aufregend, alleine dort zusammen zu sein. Und um uns auch in Gedanken noch näher zu kommen, malten wir uns aus, was die Kinder jetzt wohl unternahmen. Diese kamen aber schon wieder ungeduldig zurück und mußten aufs neue unter Vorwänden weggeschickt werden. Theo, der Vater, brauchte Ruhe. Ich durfte ihm die von den Kindern heimgebrachten Erdbeeren in den Mund schieben. Dann ließen wir die Kinder heimkommen, denn das Zusammendrängen auf engstem Raum hatte auch seine Reize.

Irgendwie muß bei diesem Gedränge und Geschiebe eine Spannung aufgekommen sein, die sich so zu entladen schien, daß alle dringend aufs Klo mußten. Die Toilette im unteren Stockwerk des Hauses war vom Garten aus leicht zu erreichen, wir rannten los, mein Bruder mit Erika voraus, und hastdunichtgesehen verschwanden die beiden zugleich hinter der Klotüre. Theo und ich warteten längere Zeit, drückten gegen die Tür und drängelten. Drinnen rumorte es, spülte und wühlte, bis die beiden endlich lachend rausgerannt kamen und sofort wieder im Häuschen verschwanden. Vor der offenen Toilettentüre zögerten Theo und ich einen Augenblick, drückten uns aber dann doch gemeinsam hinein. Während Theo stehend in die Schüssel zielte, schaute ich ihm zu. ‚Ich könnte überall hin strahlen‘, sagte Theo und zielte in diesem Augenblick gegen die Wand, von der es zurückspritzte. Wie er mit der Hand seinen Pimmel richten konnte, beeindruckte mich sehr. Dann setzte ich mich auf die Kloschüssel, und Theo versuchte herauszufinden, wie es zwischen meinen Beinen aussah.

Wir rannten ins Häuschen zurück und versuchten, unserer Erregung Herr zu werden, indem wir das Abendessen ansagten. Die Kinder mußten den Tisch decken, es gab Erdbeeren auf Blättern und Kuchenkrümel. Das nachfolgende Lagern zum Einschlafen verursachte neue Umtriebe. Wir mußten uns sorgfältig schichten, damit die ersehnten Berührungen zustande kamen. Der Schlaf, durch lautes Schnarchen vertieft, konnte aber nicht lange durchgehalten werden, denn schon wieder mußten Erika und mein Bruder aufs Klo rennen. Kichernd kamen sie zurück.

Nachdem nun dieses Gerenne und Klogespüle einige Zeit unbemerkt geblieben war, ertappten uns die Eltern und stellten uns zur Rede.

Mein jüngerer Bruder erzählte unbefangen, was sich abgespielt hatte, nämlich daß Erika ihm Einblick gewährt hatte, indem sie auf die Klobrille gestiegen war und es breitbeinig von oben tröpfeln ließ. Ein Spiel, das an diesem Nachmittag erfunden wurde. Er nannte es: Popo zeigen.

Unsere Eltern reagierten empört, und unter zornigem Geschimpfe wurden Erika und Theo für immer aus unserem Garten vertrieben.

Das ‚Böse‘ war mit ihnen in unseren Garten gekommen und wieder gegangen. Der Dünkel unserer Eltern und ihre erstaunliche Unwissenheit ließen es nicht zu, daß die Erfindung solcher Spiele auch den eigenen Kindern zugetraut werden konnte. So etwas kam von der ‚Straße‘.

Mit dieser elterlichen Verleugnung und Abwehr wurde in uns Kindern vieles, was sich da zu regen be-

gann an Neugierde und Selbstentdeckung, im Keim erstickt. Da wir das waren, was man gut erzogen nennt,
luden wir uns die entsprechenden Schuldgefühle auch
noch auf. Und zugleich etablierte sich die Ahnung, anders zu sein als alle. ‚Alle', das waren Theo und Erika,
die die Kinder jenseits unserer Gartenmauer repräsen-
tierten.

Die Spiele im blauen Häuschen wurden derart verteu-
felt, daß es mir nur mit Mühe gelang, ein paar Erinnerungen an das Kuschelgefühl mit Theo zu retten.

Und bei den strengen elterlichen Weisungen konnte es
auch nicht gelingen, diese Spiele anderswo fortzusetzen.
Es blieb eine schmerzhafte Lücke zurück, eine Sehnsucht. Etwas Wichtiges hatte seine Abrundung nicht
erfahren dürfen, von verständnisvoller Akzeptanz der
Eltern ganz zu schweigen."

So mußte die Häuschengeschichte als Schatten auf die
sexuelle Entwicklung von Elisabeth fallen. Wo lustvolle
Neugierde im Aufbruch war, wurde ein Tabu errichtet,
das sich später immer wieder als hemmend erwies,
wenn sie sich als Erwachsene sexuellen Erfahrungen
stellen sollte.

Kinder sind abhängig. Sie brauchen deshalb Schutz
und einfühlende Begleitung auch bei solchen Erkundun-
gen.

Dieses Beispiel zeigt in eindrücklicher Weise, wie
ihnen sowohl die Möglichkeit der Selbstregulierung
genommen wird als auch die autonome Entscheidung
darüber, ob überhaupt, mit wem oder wie sie die ersten
Erfahrungen im sexuellen Bereich machen wollen. Elterliche Einmischungen, nur von Erschrecken getragen und
bar jeden Vertrauens in die eigenen Reaktionen der Kinder, richten oft großes Unheil an.

Aber zum Glück gibt es diese mit einem Schwert bewaffneten Erzengel, die richtend in kindliche Paradiese eingreifen, nicht mehr. Hoffentlich.

Aber es soll nicht unerwähnt bleiben, daß solche Spiele an die Grenze des von Erwachsenen Einsehbaren gehen können. Erschrecken und Empörung werden legitim, wenn sie nicht unreflektiert zu strafendem Einschreiten führen. Erst einmal tief durchatmen. Dann ist aus wohlwollender Distanz sicher schnell festzustellen, ob es sich um kindliche Erfahrungsspiele oder um schädigende Einflüsse handelt. Am wichtigsten dabei ist ja auch die Reaktion der Kinder selbst.

Aus Elisabeths Beschreibung spricht deutlich die aufgeregte und lustvolle Neugierde, die zu solchen „Eskalationen" führt, die sich aber von selbst wieder beruhigt hätten, wenn dem Spiel Gelegenheit zu neuen Wendungen gegeben worden wäre. Hier waren Kinder gleichen Alters gemütlich zusammen, sie hatten einander gern. Theo war sogar in Elisabeths Träumen von „wenn ich einmal groß bin" als Heiratskandidat vorgekommen. Aus solcher Situation erwachsen, kann an einem sexuellen Explorationsspiel nichts verwerflich sein, wenn ihm nicht von außen Verwerfliches übergestülpt wird.

Natürlich ist dies alles weit entfernt von anderen Erfahrungen, die mit Schmerz und Gewalt zu tun haben, die es unter Kindern leider auch vermehrt gibt. Der beste Schutz dagegen ist das Vertrauen. Wenn Eltern ihren Kindern den Weg zum gegenseitigen Vertrauen bahnen wollen, dann müssen sie ihnen und ihren Freunden zunächst selbst einmal offen und vertrauensvoll begegnen.

Hand in Hand

Die Freundeshand hilft in Zeiten der Verunsicherung

Einander die Hand zu reichen, das wird als Zeichen der friedfertigen Begegnung gewertet, ein Begrüßungsritual, das Kinder schon früh lernen. Das rechte Händchen muß es sein. Eine Hand in eine größere legen, wenn der Vater oder die Mutter sagen, gib mir die Hand, heißt Schutz finden, Halt und Führung.

Wenn sich Gleichaltrige bei der Hand halten, dann bedeutet das meistens Solidarisierung. Demonstranten gehen oft Hand in Hand. Das deutet auf die Verbundenheit in gemeinsamer Idee hin.

Wenn Kinder Hand in Hand gehen, heißt das vor allem auch: Wir sind Kinder. Wenn auch nicht als bewußte Demonstration, so zeigt es doch: Wir gehen zusammen, wir haben das gleiche Ziel, wir fürchten uns, wir halten uns aneinander fest, zusammen schaffen wir's, wir müssen zusammenhalten. Wir sind klein, die Welt ist groß.

Der Impuls, sich über die Kindheit Gedanken zu machen, ist etwa 150 Jahre alt und kann als Produkt westlichen Kulturdenkens verstanden werden. Eigentlich erst zu Beginn des zwanzigsten Jahrhunderts sind diese Gedanken zusammen mit den Forschungen der Pädiatrie, der Entwicklungspsychologie und der Psychoanalyse präziser definiert worden.

Während im Mittelalter bis hin zur Aufklärung das Kind weitgehend naht- und fraglos ins Leben der Erwachsenen eingegliedert wurde und auch schon bald an den Umgangsweisen der Erwachsenen und den Notwendigkeiten der Lebenserhaltung teilnahm, entwickelte sich nun ein Bewußtsein für das Kind als einem Wesen, das in diese Bedingungen erst hineinwachsen muß und auf den Wegstrecken dahin das Recht hat, eigene Bedürfnisse anzumelden, und das vor allem Schutz braucht. Der Zeitraum, der in diesem neuen Menschenbild dafür festgelegt wurde, ist die Kindheit.

„Kinder sind anders", sagt Maria Montessori und unterscheidet damit in klarer Zusammenfassung das Kind als biologisch kleinen Menschen vom Kind als Wesen mit unterschiedlichen Betreuungsansprüchen je nach Entwicklungsphase. Der kleine Mensch hat damit nicht mehr nur die Aufgabe, möglichst schnell groß und nützlich zu werden, vielmehr soll er sich entwickeln. Er hat ein Recht darauf, seine Lernfähigkeit aufzubauen, um selbständig und ein an der Lebensgestaltung kreativ teilnehmender Mensch zu werden. Die dazu nötigen Vorübungen werden im „Kinderleben" ermöglicht und sichergestellt.

Obwohl es sich bei der bewußt zugestandenen Kindheit um ein relativ neues Phänomen handelt, sehen es einige Forscher aufgrund der rapiden Entwicklung in unserem Jahrhundert und im Zusammenhang mit den modernen Kommunikationsmitteln bereits wieder im Verschwinden begriffen. Die immer rauher werdende und streßbetonte Art des Zusammenlebens sowie auch die schamlosen Mitteilungspraktiken der Medien drohen der Kindheit ihre Geheimnisse zu rauben, und vor allem wird das mit ihr in Zusammenhang gebrachte „Paradies" stark in Frage gestellt.

Wenn wir gelernt haben, die Kindheit als Entwicklungsschutzraum zu begreifen, auf den jedes Kind der Welt ein Recht anmelden darf, dann ist das sicher von unschätzbarem Wert. Aber weil alles auch eine Kehrseite hat, darf man die Gefahr nicht unterschätzen, daß trotz des Gewinns durch die Zusicherung des Freiraums das Kind auch in Abhängigkeit und Unmündigkeit gehalten wird, weil es eben sehr lange als Kind definiert wird.

Manchmal dauert die Kindheit in unserer verschulten Gesellschaft bis zum zwanzigsten Lebensjahr. Und wenn sich dann noch Studienjahre anschließen, dann ist ein Kind längst erwachsen, aber im Sinne der finanziellen Abhängigkeit von den Eltern immer noch ein Nesthocker.

Vergleichen wir Kinder unserer Kultur zum Beispiel mit Kindern in anderen Gesellschaften, so fällt auf, daß jene schon sehr früh in die Prozesse der Lebenserhaltung einbezogen sind. Den „Ernst des Lebens" lernen sie ganz selbstverständlich im Zusammensein und gemeinsamen Tätigsein mit den Erwachsenen kennen. Sie wachsen organisch in ihre Pflichten hinein.

So kann etwa ein sechsjähriger Indianerjunge schon bei der Jagd helfen, oder er beherrscht die Techniken des Fischfangs, während sich ein Kind dieses Alters bei uns mit dem Binden seiner Schuhe abquält.

Oder wie früh wachsen Mädchen in ihre natürliche mütterliche Aufgabe hinein, wenn sie für die jüngeren Geschwister sorgen müssen, sie auf dem Rücken mit sich herumtragen, während unsere Mädchen noch lange mit Puppen spielen.

Mit diesem flüchtigen Blick auf andere Lebensstile soll kein Beispiel gesetzt werden, schon gar nicht ein sentimentales Zurück-zur-Natur – archaische Gesellschaften wird es sowieso nicht mehr lange geben – aber ganz wichtig ist, daß wir unsere „Brutpflege" immer wieder neu überdenken, damit unsere Kinder nicht länger als notwendig im Brutofen bleiben. Zu heiß und hart gebacken ist viel schlimmer als „noch nicht ganz gebakken", da im zweiten Fall noch zugegeben werden kann, im ersten dagegen alles vertan ist. In einem überhitzten häuslichen Klima mit einem Zuviel an eifriger Fürsorge werden Kinder nicht reif. Sie verkrusten eher in Infantilität oder fallen beim ersten Luftzug durch die Tür zur Welt in sich zusammen, weil sie keine innere Festigkeit entwickeln konnten.

Kindern muß etwas zugemutet werden, und zwar von Anfang an.

Ich habe es oft erlebt, daß Kinder mit Angst auf ihre Entwicklungsanforderungen reagieren und sich dann lieber in ein frühkindliches Stadium zurück verkriechen, als zum Beispiel den Schulweg unter die Füße zu nehmen. Bei genauerem Hinsehen stellt sich dann neben anderem oft heraus, daß Überbehütung und Verwöhnung eine Realitätsverweigerung bewirken, die das Kind, wenn es plötzlich etwas leisten soll, in panische Situationen treiben kann.

Zuviel des Guten ist also genauso von Übel wie zu wenig davon. Verunsicherung und Ängstlichkeit sind dann Gründe für ein neuerliches Anklammern an die Mutter oder an die Kindergärtnerin. Andere Kinder, die sich helfend einschalten wollen und ihre Freundschaft anbieten, werden dann oft brüsk abgewiesen. Sie werden nämlich in diesen Fällen eher als Rivalen denn als Kollegen wahrgenommen.

Kindliche Entwicklung ist – von Pathologien ganz zu schweigen – natürlicherweise eine höchst komplizierte Geschichte. Die zu ihr gehörende Unsicherheit und Ängstlichkeit betreffen häufig gerade begabte und sensible Kinder, denn diese haben eben aufgrund ihrer Feinfühligkeit Antennen für die inneren Schwankungen. Es kommt zu Rückzugsreaktionen angesichts neuer Anforderungen, denen das gereifte Kind aber bald mit Bewältigungsstrategien begegnen kann. Während sich pathologisch reagierende Kinder vor Schreck völlig abschotten oder in Regression treiben lassen, versuchen dagegen die tapferen kleinen Helden und Heldinnen die verschiedenen angstmachenden „Ungeheuer" zu bezwingen.

Entwicklung folgt einem eigenen Rhythmus und nicht einem stereotypen Takt wie: Vorwärts, im Gleichschritt Marsch! Wir verstehen das lebendige Vorwärtsgehen eher als ein Panthersprungprinzip, zu dessen Vorschnellen auch das kraftschöpfende Zurückducken gehört. Dieses Anlaufnehmen wird nach dem anvisierten Ziel bemessen, es folgt den individuellen inneren Bedingungen und Fähigkeiten des Kindes. Selbst wenn die Entwicklungspsychologie für die verschiedenen Altersklassen Normen festlegt, sind diese doch nur als grobe Raster oder Orientierung bietende Leitlinien zu verstehen. Kinder sind nicht nur anders, sie entwickeln sich auch individuell sehr verschieden.

Die Zeit vor dem Schuleintritt kann als eine schwierige Phase bezeichnet werden. Oft registrieren Eltern oder auch die Kindergärtnerin eine starke Veränderung im kindlichen Verhalten, die ihnen Sorge bereitet. Plötzlich reagiert das Kind nervös, Fähigkeiten und Fertigkeiten, die sich bereits etabliert hatten, scheinen zu zerfallen, lösen sich in Fahrigkeit auf. Alte, längst überwundene Verhaltensmuster stellen sich wieder ein, ein Kind näßt nachts zum Beispiel ins Bett. Oder es tut, als verstehe es nichts mehr. Die Eltern fallen aus allen Wolken: Ihr Kind spricht mit sechs oder sieben Jahren wieder die

Babysprache. Solche Reaktionen wirken dann keineswegs als geordnete Strategien, vielmehr droht die ganze kleine Persönlichkeit chaotisch zu zerbröckeln. Aber keine Angst, meistens setzen sich die Einzelteile zu einem neuen, reiferen Ganzen wieder zusammen.

In diesen Rückwärtsbewegungen mag sich unter anderm auch ein kindliches Bedürfnis abzeichnen, ein längst verlassenes Terrain noch einmal aufzusuchen, als Rückversicherung des Gewesenen sozusagen, damit der neue Schritt getan werden kann. Auch kann eine Verhaltensweise, wenn sie noch einmal durchlebt wurde, im Bewußtsein, daß sie gewesen ist, besser endgültig ad acta gelegt werden.

Ins Bett oder in die Hosen machen braucht das Kind jetzt nicht mehr – doch wie hätte es besser ausdrücken können, daß es Schiß hat, wenn es jetzt passiert? Die archaischen Ausdrucksweisen liegen ja noch gar nicht weit zurück, und da liegt es auch nahe, auf sie zurückzugreifen.

Aber dies alles dauert nicht lange. Innere Helfer stellen sich ein und werden mit wachsender Reife wirksam. Schamgefühl, Peinlichkeit, Altersbewußtsein, Stolz, Eitelkeit, auch Ekel. Diese Errungenschaften hat ein zweijähriges Kind noch nicht zur Verfügung, sie helfen jetzt aber, die Malheurs zu relativieren. Und nicht zuletzt ist der Vergleich mit den Altersgenossen und deren Leistungen ein nicht zu unterschätzender Entwicklungsansporn.

Nun, warum ist gerade diese Zeit so kritisch?

Mit dem Schuleintritt öffnet sich das Tor zur Welt. Kinder unserer Kultur beginnen jetzt, sich die Möglichkeiten und Mittel zu erarbeiten, die sie befähigen, geistig und praktisch am Wissen der Erwachsenen teilzuhaben.

Mit dem Rücken zur Kinderstube stehen sie vor weit sich öffnenden Erfahrungsräumen, von denen her sie eine kühlere Luft anweht. Aus der Ferne grollend und unaufhaltsam sich nähernd, brandet das Leben heran mit all seinen Rätseln, Entdeckungen, Pflichten, lustvollen und quälenden Notwendigkeiten. Diese Welt lockt, aber sie ängstigt auch.

Und wenngleich der sorgfältig gepackte Schulranzen oder die bunte Schulmappe dem Erstkläßler ganz gewiß Größe verleihen, so mag er sich unter diesem auf dem Rücken aufgetürmten Gewicht doch winzig vorkommen.

Ist das nicht der Augenblick, in dem eins gern des anderen Hand nimmt, froh ist, wenn einer oder eine neben ihm steht und die Hand ausstreckt? Hand in Hand ist man stärker. Die Hand des anderen vermittelt ein Gefühl von Verbundenheit, und wo die ist, ist ein Stück Heimat. Der Schritt in die erweiterte Welt erweitert auch gleichzeitig die Selbstwahrnehmung. Das erst vor kurzem erworbene Ich findet sich im Wir wieder. Du und ich, wir beide. Wir drei, oder wir in unserer Klasse, wir alle. Und schon sind wir mitten drin in der Gesellschaft der Gleichaltrigen.

Kindergartenkinder oder Kinder der ersten Schulzeit sieht man oft Hand in Hand gehn.

„Ich habe einen Freund, der mit mir geht", sagte Manuela, als ich mit ihr über die Einschulung sprach. Sie hatte in der Vorphase der Einschulung alle vorher beschriebenen Symptome entwickelt, so daß die Eltern sie besorgt zur psychologischen Untersuchung brachten. Sie waren ratlos, kannten plötzlich ihr Mädchen nicht wieder, das sich doch bis dahin so prächtig entwickelt hatte. Manuela war bei allen alarmierenden Reaktionen ein gewitztes und begabtes Mädchen, das von sich selbst sehr viel erwartete. Es stellte sich bald heraus, daß ihre Vorstellungen in bezug auf die Schule auch entsprechend überhöht waren und sie alles, was auf sie zukommen würde, weit überschätzte. In übereifrigen Fantasien verstieg sie sich derart, daß die verlangten Leistungen gar nicht zu bewältigen waren. Sie mußte sich schließlich in verzweifelte Aufregung und Regression flüchten.

Als die Sprache auf ihre Freunde kam, berichtete sie vor allem von Darian. Er sei ihr bester Freund, er komme jetzt auch in die Schule. Und als nun alles, was da auf sie zukommen würde, sich auf Darian mitverteilen konnte, trat schon eine gewisse Entspannung ein. Und in weiteren Überlegungen, wie die schwierige Sache gemeinsam zu bewältigen wäre, verloren die beängstigenden Schulgedanken an Gefährlichkeit und normalisierten sich. Besonders wichtig war für Manuela die Aussicht auf den gemeinsamen Schulweg. Sie äußerte festes Vertrauen in Darians Schutz. Und um diese tröstlichen Gedanken real faßbar zu machen, fertigte Manuela eine Zeichnung an. Eigentlich wollte sie sich selbst darstellen. Aber Darian steht neben ihr, und die Hundeleine in der Hand führt wie ein Schutzbogen über sie hinweg, und in diesem Schutz fühlt sich Manuela sicher. Sie ist stolz auf ihren Freund, mit dem sie das Zusammengehen schon lange geübt hat, denn beide führen tatsächlich zusammen ihre Hunde aus.

Mit einem Freund oder einer Freundin ist der Schulweg besser zu schaffen – durch den rasenden Verkehr, oder vorbei an geheimnisvollen Gebüschen, oder an einem nebligen Tag, der die Konturen auflöst. Und wenn's geschneit hat, begegnen einem da nicht merkwürdige Wesen, die der Schnee auf den Ästen formt? Zu

MANUELA
DARiAN

SCHPILeN

zweit oder zu mehreren läßt sich auch viel effektvoller das Herbstlaub aufwirbeln. Steine- oder Kastaniensammeln macht mehr Spaß, wenn die vollen Jackentaschen verglichen werden können. Es gibt so viel zu entdecken, das Erstaunen oder auch schaudernde Erregung auslöst.

Wenn etwa die Straßenarbeiter Löcher in die „Unterwelt" graben oder man an dem Turm vorbei muß, der vielleicht umstürzt. Ich erinnere mich daran, daß ich schaudernd nach der Hand meines Bruders faßte, als ich am Dom zu Worms hochschaute und die schwindelnde Höhe des Turms mich ergriff. Noch heute denke ich daran, wie er beinahe gekippt wäre. Aber dieser Schulweg führte auch an der „süßen Helene" vorbei, aus deren Ladentür der Duft von frisch geröstetem Kaffee und Schokolade strömte. Heute sind Leckereien an den Kioskbuden für Kinder eher zu haben, und Taschengeld ist auch selbstverständlicher geworden, so daß Kinder in den Besitz der begehrten Köstlichkeiten kommen können. Der Stolz des Habens, des selbsterworbenen, des Darum-beneidet-Seins, was für ein neues Größengefühl, und wie befriedigend, wenn geteilt oder ausgetauscht wird. Dann hat man etwas miteinander, von einer Hand in die andere, im unmittelbarsten Sinn des Wortes.

Und was man sich auf einem Schulweg alles ausdenken kann, wie man schimpft und Strafen ausdenkt für die, die einen geärgert haben. Die Fantasie kennt keine Grenzen, und einer weiß noch Grausameres als der andere. In sich gegenseitig überbietenden Fantasien werden Wut und Frust abgebaut. Da kriegt man das Ohrenschlackern, wenn man solche Gespräche mithört: Ich binde sie an einen Baum, sagt der eine, und ich haue sie dann mit dem Schirm, der andere, und dann lassen wir sie erfrieren.

Unheilvoll, wenn man dies beim Wort nehmen würde. Kinder probieren sich in diesen Protzereien aus wie in den Flüchen und Schimpfworten, die in dieser Zeit „von der Straße" mit nach Hause gebracht werden und deren Bedeutung sie oft nicht kennen.

Bei aller Unverfrorenheit sind die sprachlichen Schimpferfindungen oft von poetischem Reiz. Es handelt sich dabei um Umgestaltungen affektiver Regungen, denen die Notwendigkeit der Ausführung genommen werden muß.

Das Ausprobieren, Denken und Aussprechen von allerlei Scheußlichkeiten gehört mit zur Weltentdeckung, genau wie die Entdeckung des Schönen oder der edlen Gefühle. Das intensive Zusammensein in streng strukturiertem Rahmen, wie ihn die Schule darstellt, schafft ganz neue Situationen, auf die reagiert werden muß und für deren Gefühlsladungen die Kanäle erst gefunden werden wollen. Genauso gibt es ja die guten Gefühle der Zuwendung. Ein kleines Mädchen sagte der Lehrerin, als ein Mitschüler krank war: „Ich bringe ihm mein kleines Kätzchen, dann ist er nicht so allein."

Der Schulweg hat eine ganz wichtige Funktion, und das darf nicht vergessen werden, wenn die Einschulung überlegt wird. Das verträumte Herumtrödeln auf dem Heimweg muß für Kinder ähnliche Bedeutung haben wie für uns Erwachsene die Stunde des Aperitifs, zu der wir uns nach der Anstrengung treffen und endlich entspannt plaudern oder tratschen können.

Und bitte nicht zu streng sein – wenn Sie einigermaßen Vertrauen in die Verkehrslage haben –, wenn Kinder zu spät kommen. Vielleicht mußte Manuela heute die Hand von Darian etwas länger halten als sonst.

Aber es gibt tausend andere Gelegenheiten, die Kinder zusammenschweißen und die andere Hand suchen lassen. Als Michael zum Beispiel an seinen Mandeln operiert werden mußte, fand ihn die Mutter nach der Operation mit einem fremden Kind Hand in Hand im

Bett sitzen. Die beiden hatten sich im gleichen Leiden zusammengefunden, einander getröstet.

Auch wenn sich sonst etwas im Leben zusammenbraut, wenn die Eltern vielleicht Krach haben, ihr lautes Reden durch die Türe dringt oder auch Weinen, dann geht es Geschwistern oft wie den beiden im Krankenhaus. Sie kuscheln sich aneinander, halten sich an den Händen und warten das Ende des Gewitters ab, manchmal selbst in Tränen aufgelöst. Es sind nicht einzuordnende Ereignisse, die so ängstigen können, unabsehbare Folgen von Blitzschlägen. Es geht schließlich um die eigene Existenz, wenn die Mutter zum Beispiel tatsächlich davonlaufen würde. Wie gut, sich am Bruder oder an der Schwester halten zu können, zusammen durchzuhalten. Wenn man Glück hat, verzieht sich das Gewitter wieder.

Eric hat als kleiner Junge in einem alten Bauernhaus die Geburt seines Schwesterchens vom Nebenzimmer aus miterlebt. Er war sieben Jahre alt und war vollkommen verzweifelt, weil er sich nicht erklären konnte, warum die Mutter schrie. Man hatte ihn zusammen mit seiner etwas älteren Schwester ins Bett geschickt. „Da seid ihr aus dem Weg", hatte es geheißen. Offensichtlich war Geburt etwas sehr Aufwendiges. Daß da ein Kind kommen sollte, klar, das wußten die beiden. Aber daß die Mutter dabei so stöhnen und schreien mußte, das jagte ihnen Todesängste ein. Dafür gab es keine Erklärung, weil es doch immer geheißen hatte, sie sei in freudiger Erwartung.

Es blieb den Kindern nichts anderes übrig, als sich bis tief in die Nacht hinein aneinander festzuklammern und Hände haltend die Wehen der Mutter abzuwarten.

Als es schließlich still wurde im Nebenzimmer und nur krächzende erste Lebensschreie des Babys zu hören waren, schliefen sie erschöpft ein. Erst am anderen Morgen erfuhren sie, daß es ein Schwesterchen war. Wenn sie später, das Kleine in der Mitte, im Dorf spazieren gingen, dachten sie mit Stolz an diese dunklen Augenblicke. Wir halten uns aneinander fest, auch wenn die Straße oder das Trottoir zu schmal für mehrere Kinder ist. Manchmal sind es eben mehr als zwei Kinder. Dann hat die Kindergärtnerin ein Seil, das die Kinder fassen. Statt der anderen Hand fassen sie den Knoten im Seil. Da ist ihr Platz. Und im Gänsemarsch können sie die gefährlichste Straße überqueren. Nur miteinander verbunden muß man sein.

Die Gefühle des Miteinanderverbundenseins so deutlich nach außen zu zeigen, das ist ein Privileg der Kinder dieses Alters. Ob es sich um Freund und Freundin handelt oder um zwei Freunde – ihr Hand-in-Hand-Gehen wird von den Erwachsenen mit gerührtem Wohlwollen betrachtet. Schon bald wird diese Selbstverständlichkeit aber getrübt, wenn sich bei den Kindern mit zunehmender geschlechtlicher Identitätsentwicklung Barrieren bilden und plötzlich „die Weiber" gemieden oder auch Berührungen von Junge zu Junge als anrüchig erlebt werden, wenn Tabuvorstellungen der Gesellschaft in die Kinderwelt absickern.

Bis sich Handhalten ins mit neuer Legitimation verbrämte Händchenhalten verwandelt, zeigt es sich nie mehr als so verläßliche oder spontane Haltsuche wie in der frühen Kindheit.

Wie sich das Hand-in-Hand in anderem Rahmen ausnimmt, haben die beiden Freunde erlebt, die sich folgenden Jux ausdachten. Als zwei erwachsene Männer liehen sie sich authentische Polizeiuniformen aus, kleideten sich darin ein und machten sich dann geschniegelt und gegürtet auf den Kontrollgang durch die belebten Gegenden der Stadt – Hand in Hand.

Nicht nötig zu beschreiben, was sie mit dieser mehrmals ironisch gebrochenen Situation auslösten.

Wir spielen uns eine Welt

Einüben der Erwachsenenwelt, ihre Faszination, ihre Notwendigkeiten

Wenn man Bahnhofsvorsteher ist, trägt man eine rote Mütze, hat einen Signalstab in der Hand, um dem Zugführer das Abfahrtszeichen zu geben, und eine Trillerpfeife. Pfiff! Abfahrt. Manchmal genügt auch ein Handzeichen.

Der Zug setzt sich in Bewegung, die Fahrkarten müssen kontrolliert werden. Der Bahnhofsvorsteher ist jetzt der Kontrolleur. Er knipst mit der Zange Löcher in die Fahrkarten: Wer ist noch zugestiegen? Der Teddy, Natalie und Marco und die beiden Plüschtiger sitzen auf der hintersten Bank. Und schon hält der Zug wieder an. Alles aussteigen!

„Nein, ich wäre jetzt noch einmal der Zugführer, nachher du, ja?" Also gut. Marco muß warten. Dies ist Stefans Lieblingsspiel. Die rote Mütze scheint ihm eine enorme Bedeutung zu verleihen. Kontrollierend geht er vor der Abfahrt noch einmal am Zug entlang und prüft, ob die Wagen auch richtig aneinandergekoppelt sind. Eine Kordelverschnürung zwischen zwei Stuhlbeinen wird zurechtgezogen. „Alle einsteigen, der Zug fährt Richtung München. Ohne Halt!"

Natalie und Marco spielen mit. Sie wissen, wie es bei der Bahn zugeht und wieviel Stefan daran liegt, daß alles seine Ordnung hat. Im Zug sitzend wackeln sie im Takt der vorwärtszischenden Lokomotive mit den Köpfen.

Jetzt ruft Natalie: Haben Sie im Zug auch ein Klo? Der

Zugführer ruft zurück: Nein, Sie müssen es noch aushalten, aber er kürze die Fahrt nach München ab, weil er wisse, wie schwer das Aushalten sein kann. Natalie rennt aus dem Zimmer. Die Rollen wechseln.

Mit Natalie und Marco und manchmal noch zusammen mit der kleinen Schwester kann Stefan am besten spielen. Miteinander spüren sie ihren Fantasien oder realen Erfahrungen nach, diesmal vom Bahnfahren, weil das Stefans Thema ist.

Natalie selbst spielt lieber Krankenhaus. Sie ist dabei nämlich die Oberschwester, die mit sorgfältigem Fachwissen Verbände anlegt, die Kranken bettet und Arzneien verabreicht. Wer ist da nicht gerne einmal krank. Jetzt aber ist Stefan dran, und selbst Marco, der am liebsten alles Irdische hinter sich läßt und in einem Raumschiff sitzt, genießt die Fahrten mit dem Zug, und wenn er der Bahnhofsvorsteher sein darf, guckt er sich von Stefan genau die lässige Handbewegung ab, mit der er einem Zug das Signal zur Abfahrt gibt. Vielleicht muß man auch noch schnell vor dem Abpfeifen in einem Kasten einen Hebel bedienen oder per Telefon eine Meldung durchgeben. Oh ja, und die Mitfahrer müssen auch an vieles denken. Geld müssen sie bei sich haben, um die Fahrkarten zu lösen. Sie müssen die Fahrkarte bereithalten für den Kontrolleur. Nicht verlieren. Vielleicht brauchen sie sogar einen Paß, wenn es über die Grenze nach Afrika geht. Sie müssen auch an Verpflegung denken, mindestens an das Fläschchen für die beiden Tigerbabys, die eine lange Fahrt sonst nicht durchstehen würden. Und so weiter. Das alles ist gut beobachtet und nachgespielt und damit vorgeübt für später.

Die Welt, die sich als Erfahrungsraum ausweitet, ist als ganze viel zu groß. Sie muß in kleinere Einzelwelten aufgeteilt werden, damit sie für Kinder erfahrbar wird. Und Kinder teilen sich das ein. Eine Welt für sich ist ein Bahnhof, ein Postamt, ein Supermarkt oder eine Raumstation. Hier sind die Spielregeln gerade noch zu durchschauen, vor allem, wenn man sie spielend selbst aufstellen kann. Dann ist das Funktionieren zu begreifen, bevor später die weltweite Vernetzung des Menschen und Länder verbindenden Zusammenwirkens real erkannt und gelebt werden kann.

Was kann man nicht alles beim Postspiel lernen.

Neben der Lust am Kleben, Stempeln, Einreihen, Ordnen und Zurechtlegen von Utensilien, Zetteln, Ettiketten und Formularen drängen sich Fragen auf.

Marco hinter dem Postschalter: „Haben Sie schon eine Briefmarke?"

Natalie: „Nein, geben Sie mir bitte eine."

Marco: „Eine Briefmarke kostet eine Mark."

Natalie: „Warum?"

Ja, warum eigentlich? Warum kostet das Briefeverschicken Geld?

Mutmaßungen, Fantasielösungen, aber auch Fragen an Vater und Mutter, die es wissen müßten, schließen sich möglicherweise an. Eine Kette von Informationen kommt ins Rollen über den Weg eines Briefes und alle Unternehmungen, die notwendig sind, damit er sein Ziel erreicht.

Natürlich brauchen Kinder für diese Spiele, die es den Großen nachzumachen versuchen, Freunde. Jeder spielt seine Rolle, wie er sie aus Erfahrung oder aus seiner Vorstellung auszufüllen vermag. Oder er wächst allmählich in sie hinein, wenn er von den Mitspielern korrigiert wird. Das Spiel folgt nämlich neben der imitierten Realität auch den individuellen Bedürfnissen der Mitspieler.

„Jetzt müßtest du sagen, dieser Brief wird gratis verschickt", verlangt Stefan zum Beispiel, weil er gerade kein Geld bei sich hat. Dann pendelt sich eine spielerische Übereinkunft ein, und Realität und Fantasie verbinden sich im Sinne der Dehnbarkeit von Postgesetzen. Ja, der Postbeamte ist gutmütig, er läßt das mal so durchgehen.

Dabei ist deutlich zu erkennen, daß es den Kindern um freundschaftliche Kommunikation geht. Das Ausprobieren von Reaktionen, wenn das Gesagte hingenommen oder aber empört abgewiesen wird. Hinter der Verkleidung einer Rolle läßt sich einiges behaupten, was sonst nicht drin wäre. Da setzt man Grenzen und übt Macht aus. Man ist aufgerufen, die Rolle zu gestalten, und das schafft im jeweiligen Rahmen doch Freiheiten.

Während Peter als Freund seiner Freundin Lisa nicht so leicht eine Bitte abschlagen kann, weil er sie liebt und nicht verletzen möchte, so wagt er es in der Rolle eines Verkäufers sehr wohl. „Nein, leider haben wir heute keine Rosinen." – „Aber gestern hatten Sie doch noch welche." „Heute aber nicht, erst morgen wieder."

Lisa muß als Einkaufende morgen wiederkommen, wobei morgen schon in fünf Minuten sein kann. Und es ist auch ihr freigestellt, dann nach etwas ganz anderem zu fragen als nach Rosinen.

Wie weit aber kann Peter als Rosinen verweigernder Verkäufer gehen? Wann droht Lisa ungeduldig zu werden und das Spiel hinzuschmeißen? Oder beginnt sie zeternd im Laden zu reklamieren? Oder steigt sie aus der Rolle aus und beginnt als Lisa zu weinen, weil sie die Rolle, in die sie da von Peter gedrängt wird, nicht aushält?

Aber jetzt hat sie Gelegenheit, selbst die Verkäuferin zu sein. Die Rollen wechseln nämlich. Sie hat nun die

Möglichkeit, es Peter zurückzugeben, oder sie zeigt sich als eine ganz andere Verkäuferin, als eifrige im reinen Laden, die beflissen den Nachfragen gerecht werden möchte. „Darf es sonst noch etwas sein?"

Dieses Wechseln der Rollen, das damit verbundene Hin und Her, das Geben und Nehmen zwischen Freunden, das Ja und Nein sagen, all das sind kommunikative Einübungen, auch Einübungen der Liebe.

Die Spielweise, soweit sie das Miteinander der Freunde betrifft, ist sicher die gleiche, ob es sich nun um den Laden handelt oder um das Raumschiff auf dem Flug zwischen Planeten. Kinder benützen den Vorwand der Rolle auch, um sich selbst zu spielen.

Ganz abgesehen davon haben solche Spiele über den Charakter des Beziehungsspiels hinaus auch noch eine andere Funktion. Vor allem im Entwicklungsalter der frühen Latenzzeit, wenn sich der Lebensraum erweitert, stellen sich in Anbetracht der unübersichtlichen Fülle, die sich dort verbirgt, Unsicherheiten und Ängste ein. Das allmähliche Begreifen der Welt und ihrer Einrichtungen setzt voraus, daß Ordnung und Strukturen geschaffen werden, die alles überblickbar machen helfen. Die Welt draußen muß geordnet werden, so wie auch das innere chaotische Treiben, das oft noch nicht als gezielte und angemessene Reaktion eingesetzt werden kann, unter Kontrolle gebracht werden muß.

Und bei diesen Entwicklungsbemühungen helfen dem Kind alle Spiele, die sich mit der Öffentlichkeit und ihren Institutionen beschäftigen, vom Laden angefangen, bis zum Flugplatz oder Bahnhof. Es sind Ordnungsspiele. Und so gesehen haben sie auch für das einzelne Kind, wenn sie von ihm allein gespielt werden, große Bedeutung. Das Ordnen und Aufräumen im Postbüro etwa, das Stapeln, Zurechtrücken oder das präzise Knopfdrükken und Hebeldrehen helfen dem Kind ganz allgemein, bis in die persönlichsten Bereiche hinein Ordnung zu halten, das heißt auch Ängste zu bewältigen.

Es gibt kaum ein besseres Lebensgefühl als das, für sich selbst sagen zu können: Ich hab's im Griff.

Freunde sind wir alle

Die Gruppe der Gleichaltrigen

Die Jahre der Kindheit zwischen etwa sechs und neun Jahren sind, wie oben beschrieben, von Bewegungen bestimmt, die das Kind aus dem engen Familiengefüge in die Gesellschaft der Gleichaltrigen treibt. Einige Begriffe, mit denen die Kinderpsychologie diese Zeit zu benennen versucht, sollen auf Typisches hinweisen. Es sind die ersten Schuljahre – Psychoanalytiker sprechen von der Latenzzeit, worunter sie eine Zeit der vermeintlichen sexuellen Ruhe zwischen dem Ödipuskomplex und der Erotik des Jugendlichenalters verstehen. Es ist außerdem, da vom beginnenden Zahnwechsel eingeleitet, das Alter des lockeren Zahns. Andere Beobachter dieser Zeit sprechen von der Buchstäblichkeit des Denkens oder von der Zeit kindlicher Rituale, die die Gemeinschaft bestimmen oder die die einzelnen Kinder auch für sich selbst entwickeln.

Allgemein wird dieser Kindheitsabschnitt als der geheimnisvollste angesehen, weil die Erwachsenen nun nicht mehr die Einsicht in das Tun und Lassen ihrer Kinder haben wie vorher.

Jetzt haben die Eltern möglicherweise auch Schwierigkeiten, die Kinder loszulassen. Andererseits bedeutet dieser Augenblick für die Erwachsenen Erleichterung und Entlastung, weil sie sich endlich wieder vermehrt sich selber und ihnen Gleichaltrigen zuwenden können.

Für die Kinder jedenfalls bedeutet der Eintritt in die

Welt der Gruppe eine absolute Neuorientierung und Umgewichtung vieler Werte. Während das jüngere Kind noch ganz in das Wertgefüge seiner Eltern eingebunden ist, entwickelt das Schulkind eine Gruppenidentität und heißt gut, was dort gilt.

Was aber dort zur Gültigkeit gelangt, muß sich je nach Gruppenzusammensetzung als neuer Leitgedanke erst entwickeln. Das Kind geht also vorsichtig mit seinem noch instabilen Neuerwerb um, es bedient sich vielfältiger Täuschungen, es entzieht sich und schweigt, es lernt, seine Gedanken vor den Erwachsenen zu verbergen.

Es ist die erste Phase eines wirklich eigenen Lebens, das Bewährung fordert.

Die Erwachsenen neigen dazu, nach der intensiven „Brutpflege" zuvor davon auszugehen, daß sie ihr Kind genau kennen. Sie lehnen sich zurück und geben die Erziehung nun – wenigstens teilweise – an die Institution Schule ab. Darüber aber versäumen sie zu fragen, womit ihr Kind jetzt eigentlich beschäftigt ist. Die Schulaufgaben allein verraten das nicht.

Allein die Erinnerung wird es ihnen sagen können.

Kinder selbst erleben gerade diese Zeit als die intensivste der Selbstfindung. Fragt man Erwachsene später nach ihrer Kindheit, dann können sie sofort Episoden aus dieser Zeit abrufen. Fragt man sie hingegen nach der Kindheit ihrer Kinder, dann sind es Erinnerungen aus der Vorschulzeit, die am klarsten auferstehen.

Denken wir zurück. Der Lärm des Klassenzimmers tönt uns in den Ohren, das Treiben auf dem Pausenplatz, unsere Spiele, der Geschmack des Apfels, wenn man beim Nachbarn abbeißen durfte. Die Atmosphäre des Schulhauses erwacht, die nach Bohnerwachs riechenden Gänge unter der Ehrfurcht gebietenden Stille, wenn der Unterricht schon begonnen hatte und das zu spät gekommene Kind, wie Walter Benjamin es beschreibt, nun vor der Schulzimmertüre stehend, die Stimme des Lehrers wie ein Mühlrad klappern hört.

Die Späße auch, die Rätsel und die Streiche, die Papierflieger in Richtung Lehrerpult und das rhythmische Pultrücken, das den Lehrer einschüchtern sollte. Und Wettbewerbe: Wer wohl den längsten Kaugummifaden ziehen kann – oder das Flachlutschen des Himbeerbonbons bis zum kleinen Ring, durch den die Zungenspitze gesteckt werden konnte. Und wie kribbelig andächtig waren die Momente des Mannschaftsbewußtseins, wenn die Klasse beim Sportfest gewonnen hatte.

In dieser Zeit will kein Kind Outsider sein. Nicht einmal äußerlich will man sich unterscheiden. Das T-Shirt muß zu allen anderen passen und die Turnschuhe möglichst von der gleichen Marke sein, wie alle sie tragen.

Und wenn die ganze Klasse Masern hat, wieso ausgerechnet ich nicht?

Die Kinder sind jetzt auch deshalb autonomer, weil sie beweglicher sind. Sie durchstreifen mit ihren Rädern die Stadt, erforschen Wälder, Teiche, Bauplätze oder entlegene Müllhalden. Sie springen über Zäune und richten ihre Kultstätten ein, wo sich ihnen Gelegenheit zu geheimnisvollem Spiel bietet, in Waldhütten, Baumhäusern oder auch in verlassenen Straßen- oder Hofecken, die einen Unterschlupf bieten. Deponien von Süßigkeiten und sonstigen Knabbersachen gehören dazu. Ihr Leben im Geheimen, in den Lücken der Erwachsenengesellschaft, kann als Subkultur gewertet werden. Im Schutze dieser Verstecke spielt sich gemeinsames Denken und Handeln ein. Und das Zusammensein in der Gemeinschaft der Gleichaltrigengruppe gibt dem Kind ein neues Selbstbewußtsein und läßt den Gedanken aufkeimen, daß es auch ohne die Erwachsenen gehen könnte.

In dieser Zeit werden Utopien entworfen, wie die Welt aussehen könnte – es wird zunehmend konstatiert, was ungerecht und was zu kritisieren ist. So kann die Welt der kindlichen Subkultur zu einer Gegenwelt zum Erwachsenenleben werden, in der absolut andere Gesetze gelten. Die Notwendigkeit, sich durchzubringen, sich ein Leben zu schaffen und zu erhalten, fördert die kämpferische und heldenhafte Durchsetzungskraft, oft von omnipotenten Fantasien begleitet. Man denke nur an die rote Zora und ihre Bande.

Kinder brauchen ihren Platz in dieser Gemeinschaft, wie sollen sie sonst später gemeinschaftsfähig werden? Ihre Zugehörigkeit erhält ihren Stempel etwa durch Verleihung eines Spitznamens, der Aufwertung bedeutet. Dikker, Lufti, Birne, Stinki, Pümmel ... man ist stolz darauf, auch wenn er einem nicht gerade schmeichelt. Diese Bezeichnungen nehmen nämlich nicht nur die von der Gruppe sensibel gespürte Charakteristik auf, sie bedeuten auch zärtliche Akzeptanz, und ganz sicher drückt sich in ihnen auch etwas von der nach Meinung der Analytiker schlafenden Erotik dieser Epoche aus.

Kurz: Mit seiner Zugehörigkeit zur Gleichaltrigengruppe legt das Kind seinen Eltern gegenüber seine private Unabhängigkeitserklärung ab. Es hat viele Freunde, mit denen es neue Spiele, neue Gedanken und Wertvorstellungen teilt.

Will man aber genauer wissen, was sich in diesen Zeiten des Kinderlebens abspielt, fragt man am besten die Dichter. Sie allein verfügen mit dem Aufgeschriebenen über die wahren Dokumente.

Kein anderer hat so differenziert über diesen Ab-

schnitt der Kindheit, über ihre Rituale und Freund-
schaftsverhältnisse berichtet wie Mark Twain. Seine
Absicht dabei war, wenigstens zum Teil, wie er es im
Vorwort ausdrückt, „... Erwachsene auf angenehme
Weise daran zu erinnern, wie sie einst selbst waren, wie
sie empfanden, dachten und redeten und auf was für
seltsame Unterhaltungen sie sich zuweilen einließen."
In den Abenteuern von Tom Sawyer und Huckleberry
Finn entfaltet sich das abenteuerliche Leben der Kinder
in den heimlichen Nischen der von Tante Polly regier-
ten Vorstellungswelt von Reinlichkeit, Moral und guter
Erziehung.

Die Kindergruppe als Gegenpol zur Erwachsenenwelt
ist dabei genauso bedeutend wie die aus ihr hervortre-
tenden markanten Zweierbeziehungen.

Die beiden Protagonisten, Tom und Huck, denen je
ein eigenes Buch gewidmet ist, gehören zusammen, wie
nur Gegensätze zusammengehören können.

Tom Sawyer, der von Tante Polly streng, aber liebevoll
an Kragen und Ohrläppchen immer wieder in die Ein-
schränkungen des guten Benehmens zurückgezogen
wird, muß schon zu Beginn des Buches zur Verdeutlichung dieses Umhegtseins einen Zaun anstreichen. Daß
er sich dabei nicht so schnell unterkriegen läßt, zeigen
die raffinierten Methoden, die er zur Bewältigung seiner
Aufgabe einsetzt. Das Zaunstreichen wird seinen Freunden gegenüber als so erstrebenswert dargestellt, daß er
am Abend nicht nur ein an Geschenken reich geworde-
ner Junge ist, sondern auch den gestrichenen Zaun vor
sich hat. Natürlich wollte sich keiner entgehen lassen,
an dieser herausragenden Aktion teilzunehmen.

Auch die Freuden und Nöte im Hinblick auf die Mädchen, deren Aufmerksamkeit es auf sich zu ziehen gilt,
kommen ins Spiel. Man will nicht eigentlich mit ihnen

verkehren, aber von fern bemerkt werden ganz sicher. Wie groß ist Toms Enttäuschung, wenn seine Strategien einfach platzen, weil Becky Thatcher ihren Kopf schon längst mit dem eines anderen Mädchens zusammensteckt, scheinbar in ein Buch vertieft.

Huckleberry Finn ist von all dem frei. Nicht nur das, er ist der Paria der Stadt, der als kindlicher Clochard auf der Straße lebt, von der Hand in den Mund. Er schlägt sich durch, er muß nicht in die Schule gehen, er macht sich seine Gesetze selbst. Und damit ist er das Ziel aller Sehnsüchte von Tom.

Mit Huck kann man über vernünftige Dinge reden, mit Huck kann man tauschen, einen frisch herausgerissenen Zahn etwa gegen eine tote Katze. Mit Huck kann man ein Geheimnis haben, er kennt das Leben, er schreckt so schnell vor nichts zurück. Er ist ein Wissender, neben dem das Wissen aus den Kinderstuben zu einem Nichts verblaßt. Mit Huck zusammen tut sich die ganze Weite lustvoller bis lebensgefährlicher Abenteuer auf.

Als Huck endlich doch noch ins Lager der behüteten Kinder hinübergerettet wird, kann er, nun „gut siwilisiert", noch rechtzeitig abhauen, bevor ihn Tante Sally adoptieren möchte.

Vielleicht sollten wir der Einladung Mark Twains folgen und uns erinnern. Die Freunde als Gegensätze brauchen einander. Sie bereichern sich gegenseitig durch Kompensation, aber auch Integration eigener Persönlichkeitsanteile, die erst durch den Freund, der das Gegenteil verkörpert, geweckt und bewußt gemacht werden. Wenn in Tom nicht selbst ein Schlitzohr gesteckt hätte, das ins Leben drängte, hätte er sich wahrscheinlich nicht mit Huck angefreundet. Und wenn Huckleberry Finn nicht im Grunde ein liebenswürdiger Kerl gewesen wäre, hätte er sich mit Hilfe Toms auch nicht „siwilisieren" lassen.

Es gibt in der Kinderliteratur und auch in Filmen noch viele Beispiele für typische Freundschaftspaare. Da sind zum Beispiel die beiden, die ein Zweckbündnis eingehen, weil sie zusammen mehr erreichen als allein. Das sind nicht immer Mannschaften, die zusammen seilziehen, eine Gruppe gegen die andere. Manchmal sind es zwei, die, auch wenn sie im Dienste einer Gruppe handeln, ganz besonders aufeinander eingespielt sind, die jeden Blick des Freundes zu deuten wissen, jede Geste, und die nur gestört wären, mischten sich mehrere in die Aktionen ein. Einer ist bärenstark und schlägt mit seinen Donnerfäusten alles kurz und klein. Er hilft Unterdrückten und Betrogenen, hat also allen Grund für seine rabiate Art. Da fliegen die Fetzen, da zerkrachen Gegenstände. Ihm zur Seite steht der kleine, bewegliche und kluge Freund und überblickt die Situation mit Köpfchen. Blitzschnell, mit einem Blick, kann er die brutale Kampfmaschine lenken.

Es handelt sich natürlich um Bud Spencer und Terence Hill und ihre Filme. Kaum ein Kind, das die beiden nicht kennt und sie wie Freunde liebt. Sie kämpfen für eine gerechtere Welt, und da ist schlagkräftiger Nachdruck gefordert.

Wenn weiter oben von der Buchstäblichkeit des Denkens in der mittleren Phase der Kindheit die Rede war, dann könnte an diesem Beispiel erklärt werden, warum sich Kinder von der Direktheit der beiden Kämpfer so begeistert hinreißen lassen. Sie führen die Taten eben unmittelbar aus. Da gibt es kein Zögern, keine zwischengeschalteten Überlegungen, da gibt es nur die Tat – und zwar sofort.

Hier wird ein Verbrecher gesichtet, und, paff, kriegt er eins drüber! Buchstäblich und genau so. Im Film werden die Knalleffekte durch Töne dramatisch untermalt und gesteigert, was Lachsalven auslöst, wenn das Herumgehaue überbordet.

Solche kurzgeschlossenen Kreisläufe vom Vorhaben zur Ausführung sind dem Alter wahrscheinlich deshalb angemessen, weil man für die Bewältigung der Lebensabenteuer und zur Selbstverteidigung Mut braucht. Das unreflektierte Ausprobieren läßt der Angst keine Chance, es treibt in die Mutproben hinein. Der Junge ist schon oben auf dem Baum, bevor er den Gedanken, hinaufklettern zu wollen, fertig gedacht hat.

Wen wundert es, daß ein Riese wie Bud Spencer, der das alles so beispielhaft vormacht, grenzenlos bewundert wird?

In der Beziehung zu dem ganz anders gearteten Partner, der ihn aber wegweisend begleitet, spiegelt sich doch auch das ungleiche Freundespaar, das es in allen Kindergemeinschaften gibt. Zwei Ungleiche brauchen einander wie die sizilianischen Carabinieri, von denen der eine lesen, der andere schreiben kann. Der zarte Brillenträger etwa muß von seinem starken Freund in Schutz genommen werden, wenn die Klasse ihn hänselt. Der Große weiß, wen er verteidigt. Denn was der Kleine im Kopf hat, wird ihm bei den Rechenaufgaben zugute kommen.

Was von außen oft merkwürdig aussieht, weil zwei Kinder so gar nicht zueinander zu passen scheinen, hat seine innere Logik und duldet daher keine Einmischung.

Ganz anders sieht es natürlich dann aus, wenn sich Freunde zusammenfinden, die verwandt sind. Der eine zündet im andern die Idee, die dieser selbst schon hatte und umgekehrt, so daß sich das Verhalten aneinander hochschaukelt und potenziert. Da gehören zwei zusammen, die doppelt frech sind oder doppelt lustig. Kennt man nicht auch solche Schlingel, Zwillingstypen, aus dem gleichen Holz geschnitzt? Ihre durch und durch ausgetüftelten Streiche, die sie in völlig selbstverständlichem Zusammenspiel ausführen, spricht für ihre Bezogenheit aufeinander. Und natürlich ereilt sie dann auch das gleiche Schicksal.

Ach, was muß man oft von bösen
Kindern hören oder lesen!!
Wie zum Beispiel hier von diesen,
welche Max und Moritz hießen.

So ungeheuerlich böse sind sie, daß in der Einführung ihrer Geschichte von Übeltätigkeit gesprochen wird, von Menschen necken und Tiere quälen. Dabei sind sie als Portraits abgebildet, als könnten sie kein Wässerchen trüben. Aber dann geht's schon los, und man erfährt, wie sich die Harmlosigkeit in Durchtriebenheit verwandelt. Man sieht die beiden Dinge tun, daß einem der Atem stockt. Es geht alles schnell und fließend ineinander über, eins, zwei, drei – logisch. Man kommt nicht umhin, die Klugheit der gerissenen Kerle zu bewundern.

Erst werden die Hühner der Witwe Bolte getötet – mit System, man braucht dabei selbst gar nicht in Erscheinung zu treten. Die Hühner erhängen sich selbst am Apfelbaum. Der guten Frau bleibt gar nichts anderes übrig, als die Hühner zu braten, womit Max und Moritz natürlich auch schon gerechnet haben, denn sie sind vorbereitet und wissen, wie sie sich der gebratenen Köstlichkeiten bemächtigen können: Mit Angelhaken durch den Kamin. Während Witwe Bolte, die nun doch gute

Miene zum bösen Spiel macht, sich Sauerkohl aus dem Keller holt,

wofür sie besonders schwärmt,
wenn er wieder aufgewärmt.

Wieder alles hinterlistig und ohne Spuren zu hinterlassen – man könnte vom perfekten Verbrechen sprechen. Die Hühner sind weg! Der unschuldige Hund kriegt die Strafe ab.

Und wie Max und Moritz dann kurz darauf im schattigen Gebüsch ausruhen, satt gefressen, das letzte Hühnerbein ragt noch aus dem Mund, ist das nicht ein Bild absoluter schlaraffenländischer Befriedigung? Wer ißt nicht gerne Brathähnchen? Beneidenswert!

In der Realität gibt es häufig solche Zwillingspaare unter Kindern, Spitzbuben und Lausemädchen, die sich in ihrem Blödsinn gegenseitig anfeuern, wenn auch ihre Erfindungen nicht von derart boshafter Kreativität sein müssen.

Aber die Realität soll in diesem Fall auch gar nicht als Vergleich herangezogen werden.

Hier bei Max und Moritz wird mit der Fantasie gespielt. Dem Ausdruck sadistischer, aggressiver Strebungen hat Wilhelm Busch hier konkretisierend nachgeholfen, indem er die Figuren schuf. Und es verhält sich nun so, daß die beiden etwas tun, wovon reale Kinder manchmal träumen. Apropos träumen: Auch Erwachsene fantasieren z. B. vom perfekten Verbrechen, das beweisen ganze Bibliotheken von Kriminalliteratur. Wäre es sonst zu verstehen, daß diese Geschichten, die von Grausamkeiten nur so strotzen, genüßlich wieder und wieder gelesen werden? Hier kommt es zu einer kompensativen Verbindung des real existierenden Kindes mit Kindern als literarischen Figuren: Max und Moritz. Denn jedes Kind hat einmal unglaublich freche Gedanken und Bosheiten im Kopf. Mit Helfern wie Max und Moritz können sie sie besser verarbeiten beziehungsweise sie können die Ausführung an ihre literarischen Freunde delegieren.

So wird das von Kindern auch verstanden, sonst wäre es kaum auszuhalten, wie beide rickeracke, rickeracke durch die Kornmühle gedreht werden, in der sie nicht nur zu Krümeln zermahlen, sondern auch gleich von Meister Müllers Federvieh verzehrt werden. Solcher Zerstörung muß man erst mal die Wiederauferstehung zutrauen.

Nun, Kinder haben viel weniger gegen Bestrafung einzuwenden, als Erwachsene manchmal meinen. Und deshalb ist auch das Rachegeknacke der Kornmühle, durch die das Schimpfen der Großen durchtönt, gut zu verkraften. Wer tötet schon gerne einfach aus Lust und Laune Hühner oder nimmt der alten Witwe Bolte alles weg. Das ist nur möglich, wenn einen der Teufel reitet. Und Strafe muß dann sein. Sie erleichtert das Gewissen.

Und Wilhelm Busch, der geniale Psychologe, hat wohl auch mit dieser Wirkung gerechnet.

Sein Anfangsplädoyer, daß Kinder doch lieber in der Kirche oder in der Schule still sitzen und aufpassen sollten, wirkt so besehen wie ein ironischer Hieb gegen die damals noch aus pietistischer Tradition stammenden Erziehungsvorstellungen. Sonst hätte er auch wohl nicht weitere Unheilstifter entworfen. Franz und Fritze etwa, die in der Badewanne herumtoben und ein Chaos anrichten, oder Paul und Peter mit ihren Hunden Plisch und Plum, die sie vor dem Ertränktwerden gerettet haben. Plisch! und plum! hatte der Bauer sie in den Teich fallen lassen. Und natürlich geht's weiter. Aus

101

Liebe zu ihren Rettern stellen die Hunde jetzt allen möglichen Blödsinn an.

Mit diesem kurzen Blick auf die klassische Kinderliteratur möchte ich darauf hinweisen, daß man, wenn man über das Phänomen Freundschaft etwas erfahren will, sich besser ein Buch vornimmt, das von Freundschaft handelt – denn Dichter schöpfen aus dem Erleben –, als den Erklärungsversuchen einer Psychologin zu folgen. Es gibt unzählige Beispiele in der neueren und älteren Kinderliteratur, das wissen die Erwachsenen, die noch zur lesenden Generation gehören, selbst.

Ich möchte abschließend eine der größten literarischen Freundschaften erwähnen: die Geschichte von Winnetou und Old Shatterhand. Zwei Freunde, die in Grenzen und Rassen überwindender Liebe zueinander finden, werden unverbrüchliche Blutsbrüder, nachdem sie sich vorher bis aufs Blut bekämpft haben. Sind sie nicht beispielhaft für manche Beziehung unter Jugendlichen?

Kein Freund weit und breit

In der Fremde sein, keine Freunde finden

Freundschaft wird dort gesucht, wo es nicht nach zu Hause riecht. Ein potentieller Freund oder eine Freundin bewohnt eine eigene Welt, die wir schnuppernd überprüfen, die vertraut zu werden verspricht, die aber nichts allzu Vertrautes an uns herantragen darf. Denn das Andersartige zieht uns an, fordert unsere neugierige Eroberung heraus. Wir wollen aus uns herauskommen, auf etwas zugehen und uns neu verbinden. Von Vertrautem gekapert werden wollen wir auf keinen Fall, sonst fielen wir ja von einer Gefangenschaft in die andere.

Manchmal gibt es aber mit dieser spannungsreichen und auch recht ambivalenten Annäherungsgeschichte große Probleme; dann nämlich, wenn das Fremde zu fremd ist oder sich die angesteuerte Freundschaft als feindlich erweist.

Leider gehören damit zusammenhängende Erfahrungen im heutigen multikulturellen Alltag der Kinder zum Leben.

„Manchmal vergesse ich, daß ich anders bin als die anderen. Dann meine ich, ich hätte Freunde. Aber dann rennen sie plötzlich weg und schreien Mohrenkopf oder Milchkaffee. Da möchte ich sie am liebsten zusammenschlagen", sagt Paul, ein Junge von den Seychellen. Kein Freund weit und breit. Immer wieder stieß er auf Ablehnung. Er war ein fantasievolles Kind und hatte es schon aus diesem Grunde schwer, in seiner Wohngegend die richtigen Spielpartner zu finden. Er war weniger an Fußball interessiert, aber er war ein dynamischer Geschichtenerfinder. Auch Computerspiele mochte er nicht so gerne. Paul hatte mit der Zeit eine arrogante Gleichgültigkeit entwickelt, die ihm half, die Kränkungen an sich abgleiten zu lassen. Aber er wurde auch sonst unempfindlich und litt unter schweren Lernstörungen, weil er sich auf gar nichts mehr einlassen wollte. Seine Mutter konnte ihm nicht helfen. Sie war wegen ähnlicher Schwierigkeiten in eine Sekte geraten und dort mit ihren Problemen gestrandet.

Paul hatte die Hilfe seiner Lehrerin oder der Betreuerin im Hort, die sich sehr bemühten, bald aber auch überfordert waren.

Paul ist nur ein Beispiel unter unzähligen Kindern, die das Schicksal erleiden, zu früh in eine Fremde zu geraten, die sie nicht gewählt haben. Er ist anders hier, fühlt sich als Außenseiter, ehe er das Anderssein als sein Eigensein hätte akzeptieren lernen können.

Da tritt Donatella ganz anders auf, wenn sie mit großer Selbstsicherheit sagt: „Wer zu mir nach Hause kommt, muß sich dem Regiment meiner süditalienischen Mutter fügen." Sie bekräftigt das mit einem Lächeln und zeigt damit, daß sie auch anders als „süditalienisch" denken kann.

Paul kann noch nicht zu sich stehen und sich verteidigen.

Die einheimischen Kinder, die hier in manchen Schulklassen in der Minderheit sind, haben im Ohr, was zu Hause gesprochen wird. Und bevor sie eigene Erfahrungen in der Begegnung mit den „Fremden" machen können, ist der Same des Argwohns oft schon gesät.

Wenn das Fremde bei uns einbricht und Anspruch auf angestammte Rechte, Einrichtungen, kurz auf das Vertraute erhebt, gerät die Welt in Gefahr, sich zu verändern. Die Heimat, in der nur der dort Geborene sich rechtmäßig eingebunden fühlen will, verliert ihr Gesicht und droht vielleicht sogar verloren zu gehen. Angst sitzt dem Menschen im Nacken, seit er das Paradies verloren hat. Und weil es auf die nachgebauten und in Friedenszeiten entstandenen irdischen Paradiese, wie wir aus der Geschichte wissen, keine Garantie gibt, trachten wir eifrig danach, die Errungenschaften des Wohlstands für uns zu reservieren. Wir machen sogar den Anspruch auf eine heile Welt geltend. Wir bedenken zu wenig, daß wir damit die Gewalt derer ernten werden, die an den Toren rütteln, weil sie uns brauchen.

Die moderne Völkerwanderung aus politischen und ökonomischen Gründen bringt vielfältige Umschichtungen mit sich, für die wir noch Lösungen suchen müssen. Vor allem aber gehört die Begegnung zwischen Kindern verschiedenster Ethnien zur Tagesordnung. Kinderkrippen, Kindergärten, Kinderhorte, spezielle Sprachklassen und Schulklassen aller Stufen sind die Orte ihrer Begegnung.

Die ausländischen Kinder kommen aus allen Teilen der Welt: aus Lateinamerika, der Karibik, von den Philippinen, aus Kosovo Albanien, Exjugoslawien, aus Afrika, Spanien, Portugal, der Türkei und Sri Lanka.

Sie alle bringen aus ihrer noch jungen Vergangenheit schweres Gepäck mit. Die meisten von ihnen erlebten tiefgreifende Traumata durch Kriegsgeschehen, Gewalt, Existenznot, Trennungen, Verluste von Menschen, Verlust der Heimat.

Natürlich bringen sie ganz andere Bedürfnisse mit in

die Betreuungssituation als ein Kind, das hier in relativer Ruhe aufwachsen durfte. So ein ausländisches Kind ist, wenn es nicht schon hier geboren wurde, zunächst absolut fremd. Es ist sprachlos, es versteht nichts, und oft macht es die Augen zu, damit es die fremde Welt, in die es verschlagen wurde, nicht ansehen muß. Es gleicht damit den berühmten chinesischen Affen: nichts hören, nichts sagen, nichts sehen – das alles in einer Person – nur daß seine Isolation nicht dem Entschluß philosophischer Weisheit folgt, sondern Ausdruck bitterster Not ist.

Aber Kinder – und das ist immer wieder ein beglückendes Erlebnis – haben bei ausreichend großem Beziehungsangebot ein großes Erholungspotential. Einmal in stabileren Verhältnissen gelandet, öffnen sie sich rasch und beginnen die Kräfte für ihre Entwicklung zu mobilisieren. Vor allem suchen sie sich gegenseitig. Und wenn das so gehen dürfte und die Begegnungen der unvoreingenommenen Kinderlogik überlassen wäre, könnte sich vieles einfacher regeln lassen.

Aber die Familien, vor allem die Gastarbeiter aus den Balkanländern, kommen aus mittelalterlich anmutenden landwirtschaftlichen Anbaugebieten. Eltern und Kinder sind aus einer Tradition gerissen, für die es hier im westlichen Europa keine Entsprechung gibt.

Es gibt keine Dorfgemeinschaft mehr. Im Nachbarhaus wohnen zwar viele Menschen in vielen Stockwerken, aber die Großeltern, Tanten, Onkel, Cousinen und Cousins sind nicht dabei. Leider wird den Kindern die Annäherung in dieser Nachbarschaft nicht leicht gemacht, denn die Familien aus den verschiedenen Weltgegenden stehen einander oft sehr kritisch gegenüber. Sie befehden sich und entwickeln im sozialen Verband eigene Strategien der Repression. Das Gerangel geht um den gehobeneren sozialen Status im Zusammenhang mit der besseren und flüssigeren Anpassung an die hiesigen Verhältnisse.

Am ärgsten hiervon betroffen sind wohl immer noch die dunkelhäutigen Familien, die sich gegen Diskriminierung und Hänseleien zur Wehr setzen müssen. Diese Erfahrungen hinterlassen tiefe Verletzungen, denn sie treffen gerade bei den betroffenen Kindern meist auf ein argloses und gefühlvolles Gemüt. So kann ich Pauls Reaktionen vollkommen verstehen, wenn er draufhauen will. Unter Tränen gestand er mir später, daß seine Schulkollegen angeekelt zurückwichen und „igitt", riefen, wenn sie ihn zufällig berührt haben.

Seine Schlagkraft wird zusätzlich genährt durch aufgestaute Affekte – wenn er sich nämlich bemüht, „lieb" zu bleiben. Sie muß überdies ausreichen, um den Vater gleich mit zu verteidigen, der von den Demütigungen am Arbeitsplatz erzählt. Er darf nicht riskieren, durch Erwiderung seine Stelle zu verlieren. So gilt Pauls Verteidigung eigentlich den Farbigen schlechthin.

Aber auch das Kriegsgeschehen in Exjugoslawien hat unter Kindern, selbst wenn sie schon länger hier leben, viel Leid angerichtet und Unruhe gestiftet. Freundschaften gingen in die Brüche, denn der Krieg trieb auch hier einen Keil zwischen die Familien. Die zunehmende Radikalisierung machte auch vor den ehelichen Gemeinschaften nicht Halt. Wenn Eltern etwa aus verschiedenen Landesteilen zusammengefunden hatten, brach jetzt zwischen ihnen der Krieg aus, und Kinder wurden Zeugen und Opfer brutaler Trennungsgeschichten. In den Schulhäusern begannen sich Banden zu formieren, und Kinder, die noch vor kurzem befreundet gewesen waren, gingen jetzt mit dem Messer aufeinander los.

Aber diese extremen Auswüchse sollen nicht darüber hinwegtäuschen, daß der Vorbehalt gegen die Fremden am deutlichsten von einheimischen Familien kommt, von denen, an deren Frieden gerüttelt wird. Der Gedanke, daß das Leben unter heutigen Bedingungen weitgreifenden Veränderungen unterworfen ist, wirkt beängstigend. Das eigene Betroffensein ist schwer zu fassen, weil für ein Land, dem es gut geht, die Welt der Widersprüche erst jenseits der eigenen Grenzen zu beginnen scheint.

Und so geschieht es, daß in diesen wie in jenen Familien Bemerkungen über andere Menschen gemacht werden, die das natürliche Freundschaftsverhalten von Kindern empfindlich stören oder gar verhindern.

Eltern sind daher aufgefordert, sich sorgfältig mit diesen Fragen auseinanderzusetzen, wenn ihre Kinder in multikulturellen Gemeinschaften aufwachsen und dort Freundschaften knüpfen.

Der Züricher Schriftsteller und Lehrer Hans Manz weiß ein Lied davon zu singen, wie bunt und bereichernd so eine Kindergemeinschaft sein kann. Er hat sich unermüdlich für gegenseitiges Verständnis eingesetzt und anregende pädagogische Konzepte entwickelt, die der Sprachverwirrung beikommen sollen. Er versteht die Kinder in ihrem Bedürfnis nach Verbundenheit und schreibt aus einem musikalischen Gefühl heraus ein Gedicht, das nur aus den Namen einer Klasse besteht.

Schüler einer 1. Klasse im Industriequartier Zürich

Sandra Caforio, Ornella Cesare, Monica di Giorgo,
Rosa di Santo, Maria Domingues, Leila Ghazala,
Erica Martin, Belinda Notter, Janna Pantzouris,

Sarah Schulthess, Gianna Spataro, Eleni Venakis,
Roman Bourkovic, Gregor Eichenberger,
Oscar Fernandez, Angelo Francese,
Renzo Morcaldi, Marcos Mouzo, Guiseppe
Romano

Kindern ist es egal, woher jemand kommt und welche
Sprache er spricht. Sie haben auch ohne Sprache Möglichkeiten der Kommunikation, ganz abgesehen von
ihrer raschen sprachlichen Lernfähigkeit. Es kommt
hauptsächlich auf das Klima an, in dem ihre Annäherung stattfindet. Das unsichtbare Band, das sich zwischen ihnen festigen möchte, bringt Werte ins Spiel, die
geachtet werden müssen, denn sie betreffen die einzelne
Persönlichkeit und ihre Entfaltung.

Natürlich gibt es Gründe, Kinder vor bestimmten
Kontakten zu schützen, auch Kontakte zu unterbrechen.
Aber das sind delikate Angelegenheiten, sie bedürfen der
Erklärung und möglichst der Einsicht des Kindes. „Mit
denen verkehrst du nicht, basta!" erscheint als die am
wenigsten geeignete Art eines solchen Eingreifens. Sie
verletzt die Empfindlichkeit unseres Kindes für pau-
schalisierende Abwertungen und kränkt es zudem ganz
persönlich, weil ihm ja selbst aus für uns vielleicht uner-
findlichen Gründen gerade dieser Kontakt sehr reizvoll
erschienen war. Es kommt also darauf an, aufgrund des
Vertrauensverhältnisses zu unserem Kind, die Sache zu
klären und mit ihm die Sorgen zu besprechen, die uns
seine Beziehung machen. Erstens erlebt es damit unsere
Anteilnahme, und zweitens hat es Gelegenheit, sich
selbst zu diesen Fragen zu äußern. Wenn es sich nicht
gerade um eine brutale Bande handelt, geht es nicht um
die „gefährlichen anderen", sondern es ist ein Individuum, das sich unser Kind ausgewählt hat.

Verbieten, Beschneiden, Stutzen als pädagogische Einwirkungen können nur Mißtrauen säen. Sie bewirken unheilvolle psychische Verschanzungen oder offene Revolte.

Markus, ein dreizehnjähriger Junge, kam mit seinen Eltern wegen solcher Probleme derart in Konflikt, daß er, um seine Haut und seine individuelle Entwicklung zu retten, einen dritten Weg suchte. Er wollte von zu Hause weg. Da er aber durchaus einsah, daß er Betreuung brauchte, rannte er nicht einfach davon, sondern bat mich – im Rahmen meiner Tätigkeit im Schulpsychiatrischen Dienst – für ihn ein geeignetes Schulheim zu finden. Er hatte die Hoffnung, dort bei geschulten Erziehern auf besseres Verständnis für seine Freundschaftsbedürfnisse zu stoßen. Da die Eltern, die ihre Überforderung mit Markus einsahen, zustimmten, wurde die Aufnahme ins Internat eingefädelt. Markus geht es heute sehr gut. Er hat seine Energien, die er vorher zur Verteidigung gegen die Eltern einsetzen mußte, fürs Lernen und für seine persönlichen Interessen zurückgewonnen.

Haben wir Vertrauen in die selbstregulierenden Kräfte, die die Beziehungen zwischen den Kindern steuern. Und versuchen wir auch die Kinder, die sich anders als unsere eigenen verhalten, ein wenig besser zu verstehen.

Einsamkeit bedeutet große Not.

Ich denke an Kae Jiunn aus Taiwan. In seiner Anfangszeit in der ersten Klasse wurde er mit „Schlitzauge" beschimpft, nachgeäfft, und keiner wollte mit ihm spielen. Er wurde durch diese Erfahrung so eingeschüchtert, daß er entgegen seiner natürlichen Kontaktfreude ein extrem introvertiertes und eigenbrötlerisches Verhalten entwickelte, er schloß sich selbst aktiv aus allem aus und reagierte mit Aggressionen, wenn er in seinen selbstgewählten, einsamen Aktivitäten gestört wurde. Die Lehrerin und die Mutter erreichten mit überbesorgtem Verhalten nur, daß er sich noch mehr in die Familie zurückflüchtete; andere Bezugspersonen ernteten Verweigerung und Trotz. Dabei war seine Sehnsucht, zu den anderen zu gehören, sehr groß. Unter anderem zeigte sich dies darin, daß er für ein Kind, das längere Zeit im Krankenhaus liegen mußte, die schönste und ausführlichste Zeichnung der ganzen Klasse anfertigte.

Als sich eines Tages ein Kontakt zu einem Jungen anbahnte, der Kae Jiunns Spielfantasien teilte, konnte sich die Abkapselung lockern. Kae Jiunn erzählte mir strahlend, er habe diesen Jungen zu sich nach Hause zum Essen eingeladen. „Und", fügte er stolz hinzu, „meine Mutter macht Bratwurst, das hat er gern". Die kluge Mutter, die sonst chinesisch kocht, hat damit entscheidend dazu beigetragen, das Fremde vertrauter zu gestalten. Neben Pommes frites und Schnitzel ist Bratwurst ein Begriff für Kinder. Nicht zuletzt ist es ja auch das Lieblingsessen vom Räuber Hotzenplotz.

Auch Mulele aus Zaire hatte es schwer, Freunde zu finden. Er lebte seit drei Jahren mit seinen Eltern in Zürich, war aber die ersten sechs Lebensjahre in Afrika bei der Großmutter aufgewachsen, bei der er als jüngstes unter zahlreichen Kindern gelebt hatte. „Dort habe ich meine Geschwister und Freunde, dorthin gehe ich nachts im Traum. Da war ich frei, wir konnten immer draußen spielen." Mulele hatte ein strahlendes, einnehmendes Wesen und war damit weit weniger der Diskriminierung wegen seiner Hautfarbe ausgesetzt. Seine Widerstände Freundschaften gegenüber lagen im Verborgenen. Er war Gefangener seines Heimwehs, und sein nach außen getragener Charme verbarg seine Heimwehdepression.

Seine Mutter war ja eigentlich die Großmutter, die er zurücklassen mußte, und „diese hier", wie er sich ausdrückte, machte es ihm nicht immer leicht, denn er sollte ja jetzt erzogen und ein guter Schüler werden. Leider lebte Mulele in sehr beengten Verhältnissen, was auch seinen spielerischen Expansionsdrang enorm einschränkte. Mit seinen zwei erwachsenen Brüdern teilte er ein französisches Doppelbett, das fast das ganze Zimmer einnahm. Wenn er seine Holzeisenbahn aufstellen wollte, mußte er unters Bett kriechen und mühsam um verschiedene Möbelbeine herumbauen. Eine große Traurigkeit hatte sich in ihm festgesetzt. Ein Spielplatz war in seiner verkehrsreichen Wohngegend auch nicht vorhanden. Nicht genügend spielen zu können, das hat aus ihm nicht einen frühreifen und vernünftigen Jungen gemacht, wie die Eltern es gerne gesehen hätten, sondern ein zappeliges, unkonzentriertes Kind, das in der Schule wenig leistete. Seine Gedanken waren woanders, und mit der ihm zur Verfügung stehenden Kraft mußte er seine Traurigkeit in Grenzen zu halten versuchen. Er lebte in diesem Dilemma, das ihn absolut blockierte.

Nachdem wir die Situation gemeinsam fast ein halbes Jahr lang hin und her erwogen und auch immer wieder die hier waltende Realität und ihren Sinn für ihn mit berücksichtigt hatten, beschloß er eines Tages: „Ich will hier etwas lernen. Solange behalte ich meine Freunde in Afrika in meinem Herzen. Wenn ich groß bin, kann ich sie dann besuchen. Vielleicht schreibe ich ihnen auch einen Brief." Mulele lernte allmählich, sein Leben hier von seinem Leben in Afrika zu trennen. Er erfuhr durch den nun bewußt wahrgenommenen „Schatz" in seinem Inneren einen Zuwachs an Selbstwertgefühl.

Glücklicherweise fanden die Eltern in dieser Zeit auch eine neue Wohnung in einer kinderreichen Siedlung. Die ganze Situation entspannte sich, und Mulele begann, freundschaftliche Kontakte zu knüpfen. In der Schule wurde er nie eine Leuchte, aber er entwickelte sich gut und bereicherte die Klasse durch sein warmes, gemütvolles Verhalten. Er bezauberte durch sein jetzt viel natürlicheres und offener strahlendes Lächeln.

Ganz anders sieht die Geschichte von Alexandre aus Portugal aus. Ihm ergeht es, wie man es bei vielen ausländischen Kindern erleben kann, die in sehr jungem Lebensalter den Abschied von der Heimat zu leisten haben. Bei ihnen ist die Traurigkeit nicht so gut aufzufangen wie bei Mulele.

Der durch die Auswanderung begründete Heimatverlust droht sich für das Kind, das sich in dieser Situation ängstlich in seine Familie zurückkuschelt, zu verdoppeln, wenn jetzt die Mutter auch noch hinter der Tür einer Arbeitsstelle verschwindet.

Kinder, die, aus einem Beziehungsfeld mit vielen Verwandten herausgerissen, abrupt in diese neuen Bedingungen hineingeworfen werden, leiden enorm. Sie ziehen sich in sich selbst zurück.

Und diese Isolation wird durch folgende Situation verschärft: Früh morgens aus dem Schlaf gerissen zu werden, damit die Mutter vor Arbeitsbeginn den Weg in den Kinderhort noch schafft, ist so unzumutbar, daß sich das Kind vor der Erfahrung dieser schmerzhaften Unruhe abschottet. Es ist überfordert, und um sich selbst zu schützen, stellt es sich tot.

Vor Angst erstarrt es wie das Kaninchen vor der Schlange oder der Käfer vor dem Vogelschnabel. „Den toten Mann spielen", so nennt der Volksmund diesen Totstellreflex, der gleichzeitig Ausdruck von Angst und Überlebensversuch ist.

Im Kindergarten sitzt der Fünfjährige dann in einer Ecke, regt sich kaum, spricht nicht. Auch versteht er kaum etwas. Die Kinder plappern in ihrer gewohnten Sprache, seine ist portugiesisch, die allein spricht man zuhause.

Eine solche Situation in der Fremde enthält nicht den leisesten Anreiz, auf irgendetwas neugierig zu sein, sie ist purer Schock.

Auf die anderen Kinder reagiert Alexandre kaum oder nur mit deutlicher Ablehnung. Er beginnt sogar, wenn ihm ihre Annäherungen lästig werden, um sich zu schlagen und bemüht sich damit, Grenzen zu ziehen. Er verteidigt sein eigenes Territorium, den kleinen Platz für eine Sitzfläche und zwei Füßchen.

Natürlich stellt er damit alle Kinder, die es gut mit ihm meinen, auf eine harte Probe. Aber seine eigene Sehnsucht, zu ihnen gehören zu wollen, ist für ihn noch nicht greifbar. Die wohlmeinende Zuwendung der Kindergärtnerin nützt ebensowenig.

Nun ist guter Rat teuer.

Es herrscht eine Vorstellung vom Funktionieren des Kindergartens und seiner Aktivitäten, nicht zuletzt als kognitive und soziale Vorbereitung auf die Einschulung.

Das bedeutet, daß alle Beteiligten, die ihre Aufgabe ernst nehmen, unter Druck geraten, wenn sie ihr „Soll" nicht erfüllen.

Der gute Rat, der diesen Vorstellungen vom reibungslosen Funktionieren ein Konzept des entspannten Abwartens auf Entwicklung entgegenhielte, muß abprallen. Es sei denn, die betreuenden Personen seien zu einer großen Geduld fähig.

Allein die Haltung einer reifen erwachsenen Persönlichkeit, von der das verängstigte Kind eine vertrauensvolle und integrative Zuwendung erfährt, kann einem solchen Problem gerecht zu werden versuchen. Auf jeden Fall lohnt sich der Versuch.

Auch der traurigste kleine Eckenhocker spürt Akzeptanz und Wohlwollen und beginnt irgendwann, die Reste seines Vertrauens zusammenzuraffen und aufzuwachen.

Anstatt ihm aber für dieses Ziel sein Territorium auf unbestimmte Dauer zuzugestehen, geraten die Erwachsenen in Panik.

Wir sind an reibungslose Abläufe gewohnt. Man meint es gut. Die Eltern werden in den Kindergarten bestellt, ein Besuch beim Kinderpsychologen wird empfohlen. Oft muß ein Übersetzer die Gespräche begleiten. Man kümmert sich mit einem riesigen Aufwand um das Kind und läuft unmerklich Gefahr, darüber das Kind als Individuum mit Recht auf seine Reaktionen zu übersehen.

Man liefert es ein weiteres Mal einer fremden, schlecht durchschaubaren Situation aus.

Die Eltern reagieren besorgt und alarmiert. Sie geraten in Konflikt mit ihrer Arbeitssituation. Die Folge davon ist, daß sie oft ihr Kind härter anfassen und mit Drohungen zu Anpassungsleistungen zwingen. Meistens sind diese Eltern für ein Verständnis psychischer Zusammenhänge gar nicht geschult.

In dieser Situation des Friß-Vogel-oder-Stirb! bleibt dem Kind keine Wahl. Es wird sich nicht öffnen. Im Gegenteil. Es wird im Dienste vermehrten Selbstschutzes Härten und Unempfindlichkeiten entwickeln. Sein aggressives Warnverhalten, Knurren und Zähnefletschen aus der Ecke wird in offenen Angriff münden. Von einer Flucht nach vorn könnte man sprechen. Da habt ihr mich, jetzt bin ich da, stark und ein Dreinschläger. Daß sich darunter die Unsicherheit einer verletzten Seele verbirgt, ist bald nicht mehr auszumachen. Dieses Kind wird sich jenen anschließen, die es genauso wild oder noch wilder treiben als es selbst.

Alexandre aber hat es geschafft. Seine Kindergartengemeinschaft hat ihn getragen. Er durfte sich in seiner Ecke etablieren, sogar, wenn er dort manchmal in die Hosen machte. Die Kindergärtnerin hat seine Verweigerung nicht nur ausgehalten, sondern sie den anderen Kindern auch erklärt und damit zur sozialen Entwicklung der Gruppe viel beigetragen. Alexandres Rückzug wurde als Schmerz verstanden, und viele kleine Kameradenherzen wuchsen ihm zu. Sein Rückzug bewirkte, daß die anderen Kinder auf ihn zukamen, ohne ihn zu bedrängen. Und die Haltung, die ihm schließlich aus seiner Ecke heraushalf, war diese: Du bist in deiner Ecke und willst nichts von uns wissen, aber wir sind bei dir.

Das Machen im Sinne von Zurechtbiegen, Einpassen und Anpassen erweist sich bei Problemen dieser Art als absolut sinnlos.

Daß und wie ein Kind mitspielt, den Bleistift hält, die Nase putzt, anständig kaut oder ein Lied auswendig lernt, das alles kann erst eingeübt werden, wenn ein Kind Vertrauen in seine Umwelt und in sich selbst gefaßt hat.

Die Kindergärtnerin erzählte von der rührenden Freude ihrer kleinen Mithelfer, wenn sie Alexandres Aufmerksamkeit oder sogar seine Freundschaft gewannen. „Er hat von meinem Kuchen abgebissen!" rief ein kleines Mädchen eines Tages triumphierend. Sie hatte verstanden, worum es geht. Vom Kuchen geben und nehmen. Dabei kommt es nicht darauf an, aus welchem Backofen der Kuchen kommt.

Jetzt bin ich ganz allein

Verlust von Freunden, Trauer

Situationen, die Verlust- und Trennungsängste aktivieren, sind für den Menschen immer schwer zu verkraften, besonders aber für Kinder, die ja erst im Begriff sind, sich in der Welt einen sicheren Platz zu erobern und dabei Unterstützung brauchen.

Nicht nur der fällt zwischen Stuhl und Bank, der seine Heimat verlassen muß und so schnell keine neue findet, sondern auch jenes Kind, das einen Freund oder eine Freundin verliert. Gerade erst hat es eine Beziehung geknüpft und mindestens ein Stück weit gegen die Urbeziehung eingetauscht, aus der es sich herauslöst, hat sich neue Erlebnisräume erschlossen, und jetzt – geht das alles verloren. Der Freund oder die Freundin verschwindet aus dem Leben, durch Umzug in eine andere Stadt oder gar durch Unfall oder Tod.

Wenn sich Kinder als Zurückgelassene erleben müssen, fallen sie oft in tiefe Traurigkeit oder Depression bis hin zur völligen Stagnation.

Sie sind flügellahm und lustlos oder künstlich angetrieben und wie von ihrem Schmerz abgeschnitten. Die Leistungsfähigkeit in der Schule nimmt ab, denn die Energien sind dort gebunden, wo wehmütige Gefühle und Gedanken dem Verlust nachhängen, und reden können sie oft nicht darüber, weil sich dies alles Worten entzieht.

Ich denke an den kleinen Stefan, der schon als Zweijähriger eine Freundin hatte. Sie war älter und ging schon zur Schule. Jeden Tag erwartete er sie hinter der Glasscheibe seiner Wohnungstür. Er hatte ein genaues Zeitgefühl dafür entwickelt, wann sie nach Hause kommen würde. Sie huschte dann für eine halbe Stunde zu ihm herein, bevor sie heim ins obere Stockwerk mußte. Der Kleine jauchzte, sobald er ihrer ansichtig wurde, zog sie sofort zu seinen Spielsachen, und das Mädchen ging mit herzlicher Zuneigung und gerührt durch die stürmische Freude auf ihn ein. Beide waren in diesen Augenblicken glücklich.

In diese Zeit nun fiel leider der Umzug der Familie. Der kleine Stefan mußte das Haus und seine Claudia verlassen und fand sich plötzlich in einem anderen Flur ohne Glasscheibe vor. „Claudia, Claudia?" fragte er ratlos, „Claudia wo?" Die Mutter mußte wieder und immer wieder erklären, was er doch gar nicht verstehen konnte. Claudia weg, das war alles, das war die traurige Tatsache. Es blieb gar nichts anderes übrig, als immer wieder an seiner Ratlosigkeit teilzunehmen, wenn er durch den Flur lief, und sie zu bestätigen: „Ja, die Claudia ist weg, das macht uns traurig."

Mit Hilfe dieser Teilnahme, die die Gegebenheit nicht zu vertuschen sucht, sondern sie mitbetrauert, und durch vermehrte Zuwendung in den kritischen Augenblicken gelang es Stefan schließlich, den Verlust zu verkraften und sich seiner neuen Umgebung zuzuwenden.

Bei etwas älteren Kindern ist der Verlust eines Freundes oder einer Freundin oft noch viel schwieriger zu tragen, denn der fortgeschrittenen Reife entsprechend sind die Verknüpfungen im gegenseitigen Einvernehmen vielfältiger und komplizierter und weniger leicht aufzulösen. Die Bezogenheit der unternommenen Aktivitäten auf den Freund oder die Freundin kann im Falle des Verlassenwerdens nur offene Schnittstellen hinterlassen. Man spricht von abgebrochenen oder abgeschnittenen Kontakten und bezeichnet damit das Trauma der Situation. Allerdings gilt dies vorwiegend für plötzliche und schicksalhafte Trennungsereignisse. Wenn hingegen ein Abschied vorbereitet und seine Notwendigkeit eingesehen werden kann, wird die Trauer darüber von allen Betroffenen auch schon im voraus geleistet. Trauer wird möglich, weil alle um den Abschiedsschmerz der anderen wissen. Alle tragen ihn gemeinsam, und das Auseinandergehen ist dann viel weniger angstauslösend.

Eine große Hilfe für trauernde Kinder ist die Möglichkeit, dem Traurigsein Raum geben zu dürfen. Wohlgemeinte Ratschläge, Ablenkungsmanöver im Sinne von fröhlichen Unternehmungen oder auch die Aufforderung, das Kind solle wieder vernünftig sein und auf andere Gedanken kommen, sind so unsinnig wie nutzlos. Vom Kind in einer Trauersituation wird das alles nicht geschätzt werden können, es wird auch bei solchen Unternehmungen mit gesenktem Kopf hinterher trotten, wo es sonst mit großer Freude dabei war. Warum soll es dem Kind anders gehen als dem Erwachsenen? Aufmunterungen erreichen ihr Ziel nur, wenn sie im Trauernden selbst von innen her erwachsen.

Manchmal ist es für Eltern kaum zu ertragen, ihr Kind unglücklich zu sehen. In ihr Bemühen um das Wohl des Kindes darf keine Trübung fallen. Es ist ohnehin schwierig genug, dem Kind gerecht zu werden, und ein offensichtlich unfröhliches Kind könnte ein kritisches Licht auf die Erziehungsfähigkeit der Eltern werfen. Wer zeigt schon gern ein Kind vor, das herumhängt, blaß, lustlos und weinerlich? Da können Eltern doch wahrlich ungeduldig werden!

Manchmal geht einem das kindliche Unglück auch viel zu nah. Das betrifft vor allem jene Mütter, die sehr stark, oft symbiotisch, mit ihren Kindern verbunden sind. Sie können kaum unterscheiden, zu wem das Unglückserleben eigentlich gehört. Sie machen die Sache des Kindes zu ihrer eigenen und ertragen den Schmerz kaum. Dieses Übernehmen des Unglücks der anderen aber ist kein Abnehmen oder Mittragen, es bedeutet im Gegenteil Anhäufung. Denn der Unglücksberg wird größer, je mehr von allen Seiten darauf geworfen wird. Am wenigsten ist dem betroffenen Kind dabei geholfen, das den Berg zu tragen hat! Im anderen Fall aber bedeutet die mütterliche Identifikation mit dem Leid oder der Traurigkeit eines Kindes auch ein Wegnehmen, nämlich ein Wegnehmen wichtiger Gefühle, die zur Bewältigung der Situation führen sollen.

Es gilt hier, was auch sonst der gesunden Entwicklung dient, es muß unterschieden werden zwischen Ich und Du.

Erst wenn man dem Kind zeigen kann, daß sein Erleben als sein eigenes erkannt wird – für einen selbst kann ein Schmerz ganz anders aussehen – kann es sich seinen Gefühlen intensiv zuwenden. Die Abgrenzung beziehungsweise das Wissen um die Einmaligkeit des eigenen Gefühlsraumes helfen bei der Bewältigung mit. Die Anteilnahme der verstehenden Bezugsperson, mit der das Kind sprechen kann, ohne im Überschwang erstickt zu werden, vermittelt Sicherheit und das Gefühl von Schutz und Aufgehobensein. Hier findet das Kind Platz für sich selbst.

Und das ist die beste Hilfe. Auch in Zeiten der Not.

Impulse, die wieder in die Helligkeit führen, erwachen an der tiefsten Stelle des Unglückstals.

Und wer sich zusammen mit dem Kind auf dessen

Leid einläßt, ohne direkt zu partizipieren und etwas abnehmen zu wollen, der leistet die beste Hilfe. Jeder hat ein Recht auf Gefühle, auch auf negative.

Ich möchte von einem tragischen Ereignis erzählen, mit dem ein Mädchen nicht ohne professionelle therapeutische Hilfe zurechtgekommen ist. Es kommt vor, daß die Schwere eines Verlustereignisses die Familie derart überfordert, daß Hilfe von außen geholt werden muß.

Das Mädchen, von dem hier die Rede ist, ist heute zehn Jahre alt. Es hat seine um zwei Jahre jüngere Cousine, mit der es eng verbunden war, bei einem Unfall verloren.

Folgendes spielte sich ab: Zwei verwandte Familien, jede hatte ein Töchterchen, Rosa war damals fünf Jahre alt, verreisten, wie so oft in den Sommerferien zusammen ins Ausland. Die Familien lebten auch sonst eng zusammen, die beiden Mädchen waren unzertrennlich.

In diesem Sommer passierte der Unfall. Bei einem Einkauf in einer Drogerie entwischte die kleine Dreijährige in einen Hinterraum und griff sich, weil sie unbekümmert nach etwas Trinkbarem suchte, eine Flasche mit Gift. Rosa erlebte die darauffolgenden Ereignisse mit. Das kleine Mädchen konnte gerettet werden, das heißt, es blieb am Leben, ist aber seither schwer geschädigt, gelähmt, spastisch krampfend, an den Rollstuhl gefesselt. Es kann nicht sprechen, und über die Intaktheit anderer Funktionen besteht permanent Unsicherheit. Manchmal zum Beispiel kann es nicht schlucken. Eine Operation wurde notwendig, die ihr mit Hilfe einer Sonde die Ernährung durch die Bauchdecke zusichert. Das Mädchen ist voll pflegebedürftig. Überflüssig zu sagen, welch einen Schatten das auf seine Familie warf und auf die verwandte Familie mit.

Das mitbetroffene Kind ist Rosa.

Von ihr soll hier die Rede sein. Ich möchte dabei etwas aus meiner psychologischen Praxis erzählen, weil so deutlich wird, wie ein Verlust unter bestimmten Bedingungen *nicht* verkraftet wird beziehungsweise das in Mitleidenschaft gezogene Kind seelisch krank wird.

Ich lernte Rosa erst kennen, als das Ereignis schon fünf Jahre zurücklag. Rosa ist ein hübsches und gut entwickeltes Mädchen, sehr lieb und bemüht, aber sie ist vollkommen lernunfähig. Jetzt, in der 4. Klasse, bewältigt sie im Rechnen kaum den Stoff der zweiten Klasse. Im Bereich der Sprache bewegt sie sich unsicher, kann sich kaum ausdrücken, behält nichts. Den Sinnzusammenhang eines Textes, den sie mühsam entziffert, kann sie weder begreifen noch kann sie ihn wiedergeben. Trotzdem strahlt mich Rosa aus intelligenten Augen an. Ein Rätsel. Nach Aussagen der Lehrerin liegen ihre Stärken im sozialen Bereich. Rosa ist in der Schule durch ihre ruhige und freundliche Art problemlos und gut zu haben.

Die tiefergehende psychologische Untersuchung erhellte Rosas Schwierigkeiten als im Zusammenhang mit dem damals erlebten Schock stehend. In gerade dem Augenblick nämlich, als Rosa dabei war, einen Schritt aus der Familie heraus in das Kindergartenleben zu machen, passierte das Unglück mit der kleinen Freundin, und Rosa erstarrte in ihrer gegenwärtigen Situation, sie erstarrte in dem über die Familien hereingebrochenen Schrecken. Auch das Blut in unseren Adern erstarrt, wenn der Schnitt sehr plötzlich geschieht.

Konnte sie es sich leisten, in eine Entwicklung hineinzugehen, die der Cousine nun für immer verwehrt bleiben sollte?

123

Und daß der Schaden nicht heilbar war, das wurde sehr bald auch von den Ärzten bestätigte Tatsache. Aber darf dieses Wissen dem Kind überhaupt bewußt werden? Versteht man Rosas Lernblockierung als Symbol, kann dies bedeuten, daß jedes Wissen mit der schlimmen Gewißheit, der Freundin nie mehr heil und wie früher begegnen zu können, in Zusammenhang steht. Alles Geschriebene und alles Verstandene soll dazu dienen, sich gewiß zu werden, und genau das kann Rosa am wenigsten brauchen. Viel lieber will sie das Schreckliche ungeschehen machen, will von allem nichts wissen, am liebsten hätte sie ein weißes, unbeschriebenes Blatt. Und das Rechnen, das mit klaren Zahlen Tatsachen belegt, Jahre zählt und auch auf die Unabänderlichkeiten hinweist – darf Rosa es wagen, sich mit dem Rechnen näher zu befassen? Hinzu kommt, daß sie wahrscheinlich von den anderen Beteiligten, die in der Pflege des kranken Kindes aufgingen, keine Hilfe erhalten hat, die ihr aus dem Wirrwarr von Wünschen und Hoffnungen herausgeholfen hätte. Dröhnen nicht auch die aufklärenden Worte des Arztes wie ferner Donner, bedrohlich, aber möglichst nicht ernst zu nehmen?

Ein anderer Aspekt, der das Lernen verhindern kann, ist die Schuld, die auf den Eltern des Kindes und auch auf Rosas Eltern als Onkel und Tante lastet. Natürlich übernimmt Rosa ihren Teil. Warum hatte sie nicht besser auf das kleine Mädchen aufgepaßt, warum war der Drogeriebesuch gerade an diesem Morgen wichtig, warum hatten sie vorher nichts getrunken, warum, warum, warum. Jahrelang hatten alle unter diesen bohrenden Fragen gelitten, bis sie sie endlich in einem unermüdlichen wiedergutmachenden Pflegeaufwand erstickten. So sehr wurde die Pflege der kleinen Verunglückten zur Schuldbewältigungsaufgabe, daß alle Familienmitglieder vollkommen darin eingebunden waren.

Das Kind wurde zu Hause gepflegt, darauf bestand die Familie. Und nur in Ausnahmesituationen wie zu Operationen wurde es der Krankenhauspflege übergeben. Es herrschte eine Pflegebetriebsamkeit rund um die Uhr. Und das dehnte sich auch auf Rosa aus, die mit der Kranken zu deren Beruhigung das Schlafzimmer teilen mußte. Mehrmals in der Nacht wurde Rosa von ihrem Schreien geweckt.

Rosa, selbst ein bedürftiges Kind, war in die Pflege eingespannt, als gäbe es keinen wichtigeren Gegenstand der Beschäftigung auf der ganzen Welt.

Ist es ein Wunder, daß sie sich dabei selbst verlor?

Als Rosa zu mir zur Untersuchung kam – wegen ihrer Leistungsschwäche war die Familie endlich auf sie aufmerksam geworden – hatten ihre Eltern sich auf Anraten des Arztes gerade dazu bereiterklärt, sich aus der Pflege der Nichte etwas zurückzunehmen. Eine professionelle Pflegerin war zu ihr ins Haus gekommen, und nun konnten sich alle Beteiligten langsam ins Unabänderliche fügen und entspannen. Rosas Mutter nahm eine Teilzeitarbeit an und ging wieder unter die Leute. Es hatte den Anschein, als hätte Rosa diesen Augenblick abwarten müssen, um selbst einmal ins Zentrum zu rücken. Jedenfalls traf dies alles mit der Meldung der Schule zusammen, daß es so nicht mehr weitergehe und eine Versetzung in die nächste Klasse ganz ausgeschlossen sei. Diese Nachricht traf die Eltern wie ein Blitzschlag. Sie hatten auf Rosa, die doch ein gesundes Kind war, vertraut, und konnten es nicht fassen, daß es jetzt bei ihr auch noch Schwierigkeiten geben sollte. In ihrer Familienverbundenheit hatten sie an Rosas Entwicklung viel zu wenig teilgenommen, hatten Rosas Bedürfnisse nicht in Rechnung gestellt. Daß auch Rosa, die reizende, unbekümmert erscheinende, Zuwendung braucht oder Freiräume, in denen einmal keine Rücksicht genommen werden muß, sondern in denen nach Herzenslust gespielt, getobt und gelacht werden darf, der Gedanke war ihnen nie gekommen. Natürlich schätzten sie Rosas liebe und ruhige Art, aber der Verdacht, es könne sich dabei um ein vordergründiges Geschenk an sie handeln, das sie weiterer Sorge entheben sollte, kam ihnen nicht.

Rosa hatte es bis ins Alter von zehn Jahren nicht erlebt, ohne die kranke Cousine mit ihren Eltern in die Ferien zu fahren. Die beiden Familien hatten die alte Gewohnheit beibehalten, ihren Urlaub zusammen zu verbringen, seit Jahren nun mit dem großen Aufwand der Pflege, der am Ferienort wie zu Hause betrieben wurde.

Darf Rosa unter diesen Umständen überhaupt groß werden und eigene Ansprüche entwickeln, darf sie reifen, wie andere Kinder es tun?

Das erste Zusammentreffen mit Rosa war sehr beeindruckend.

Rosa wußte von sich selbst gar nichts zu erzählen. Nach ihrem Befinden gefragt, zuckte sie verlegen mit den Schultern und verstummte. Statt dessen wiederholte sie immer wieder, wenn auch bruchstückhaft, die Geschichte mit der Cousine. Auffallend aber war, wie sie mich dabei prüfend musterte. Offensichtlich wollte sie, so verstand ich es jedenfalls, herausfinden, ob ich trotzdem bei meinem Interesse an ihr selbst bliebe. Als ich ihr das versicherte, konnte sich Rosa auf ein Spiel einlassen.

Aus dem symbolischen Gehalt ihres Spiels erwies sich, daß sie bis heute noch nicht aus ihrer Schreckensstarre herauskommen konnte, daß sie vielmehr den

Zustand der Cousine auf ihre Weise gelähmt mitlebt. Gelähmt im Bereich des Lernens. Lernen heißt Wissen annehmen, aber die Angst, Wissen zuzulassen (möglicherweise Wissen über Unabwendbares oder über den Tod), muß sie fest in ihrem Bann gehalten haben. In diesem Zustand war das Geschehen nicht zu bewältigen, auch keine Trauer zu leisten. Solange wir unter einem Bann stehen, unter dem Bann eines Schmerzes oder einer Angst, kann sich nichts bewegen – wir sind wie verhext.

Rosa stellte in einem Figurenspiel eine Szene dar, die wichtige Hinweise auf sich anbahnende Veränderungen gab. Es waren aggressive Affekte im Spiel. Spitze Vogelschnäbel, die provokativ an die Grenzen des Bannkreises pickten.

Im Zentrum des Spiels entstand ein ummauerter Kreis, der im Innenbezirk mit Blumen, Früchten und Bäumen geschmückt wurde. In die Mitte dieses Kreises stellte Rosa eine Kuh, und ganz eng an die Kuh gelehnt stand der Herr Doktor. In dieser Anordnung, die ihre zentrale Bedeutung während des ganzen Spiels beibehielt, war unschwer die Erlebnissituation Rosas zu erkennen: Eine „heilige Kuh" mit ihrem Doktor im geschützten Innenraum eines Kreises (der trotz der Schrecknisse in Rosas Fantasie die Qualität einer Idylle angenommen hat), ein Kreis, zu dem niemand sonst Zutritt hat. Der Kreis als Symbol für die heilige Einheit legt diese Interpretation nahe. Er ist zu pflegen und zu achten. Die Ausschmückung mit Blumen und Früchten weist auf die fürsorgende Aufopferung für dieses Zentrum hin. Aber zugleich melden sich auch andere Stimmen. In den Figuren, die sich rundherum gruppieren, Vögel mit spitzen Schnäbeln, der Fuchs, der räuberische, und in einer Ecke sogar das Krokodil – da meldet sich der

Hunger. Die Bastion muß gestürmt werden, damit die hungrigen Tiere endlich auch einen Bissen von der innen herrschenden Zuwendung abbekommen.

So gesehen repräsentieren die Tiere Rosas vital-aggressive Impulse, die sich gegen ihre Vernachlässigung zu wehren beginnen; sie weisen auf ihre Empörung und Rivalitätsgefühle hin. Auch hier liegt ein Schlüssel zur Leistungsunfähigkeit. Wenn nämlich aggressive Impulse unterdrückt werden müssen, verschlingt das enorm viel Energien, die dann für eine sinnvolle Weiterentwicklung nicht zur Verfügung stehen. Wenn dies alles Rosa selbst im Augenblick noch völlig unbewußt war, so gab die Klarheit der Darstellung im Spiel doch Gelegenheit, sie auf ihre Bedürfnisse hin anzusprechen und diese zu bestätigen. Rosa konnte sich in der Folge tiefer in die Untersuchung einlassen, was schließlich ermöglichte, mit ihr in eine Psychotherapie einzusteigen. Jetzt soll sie endlich ihren Raum bekommen und die ihr schon lange zustehende Zuwendung, mit deren Schutz sie ihr Leid, ihre Angst, ihren Verlust der Freundin und schließlich ihren Selbstverlust bearbeiten und bewältigen lernen kann. Auch ihre Eltern ließen sich in die therapeutische Situation mit einbeziehen, so daß zu hoffen ist, daß Rosa trotz der schwierigen Umstände zu sich selbst und zu ihrem Entwicklungspotential zurückfindet.

Niemand soll das wissen

Abrupter Abbruch einer Freundschaft

Nach den ersten Jahren der mittleren Kindheit, die der Einsichtnahme der Erwachsenen weitgehend verschlossen bleiben, weil die Kinder in ihre Gleichaltrigengruppe eintauchen und dort die Rituale ihres Miteinanderumgehens einüben, zeigt sich hin und wieder eine Reaktion, die die Aufmerksamkeit der Eltern weckt oder sie in Alarmbereitschaft versetzt.

Aus den sonst undurchschaubaren kindlichen Aktivitäten ragt etwa eine Verzweiflung heraus – begleitet von Unglückstränen, Flüchen und Verurteilungen. Ein Freund wird beschimpft, eine Freundin der Untreue bezichtigt, einer Empörung über falsches Verhalten Ausdruck verliehen.

Eine hohe Erwartung an Gerechtigkeit und gerechte ethische Grundeinstellung bringt eine ebenso hohe Verletzbarkeit mit sich. Das Selbstwertgefühl, das sich erst stabilisieren muß, ist großen Prüfungen ausgesetzt.

Plötzlich scheint es nicht mehr zu genügen, ganz allgemein zu den Kameraden zu gehören, sondern die Zusammengehörigkeitsgefühle differenzieren sich, und im Rahmen der Peergruppe versuchen die Kinder ihre Auswahl zu treffen, Untergruppen zu bilden, um eindeutigere Zugehörigkeiten festzulegen.

Diese veränderten Beziehungsansprüche weisen auf die vorpubertäre Entwicklung hin, die mit weiteren Bemühungen um Identität dann schließlich in die

Pubertät münden und in die mit ihr verbundenen engeren Zweierbeziehungen, meistens gleichgeschlechtliche.

Das Privileg, von einem oder wenigen ausgewählt und zur Freundschaft aufgefordert zu sein, bedeutet dabei eine hohe narzißtische Aufwertung. So war Sabine eine begehrte Mitspielerin beim Völkerball, und sie konnte ganz sicher sein, daß sie als erste gewählt wurde, wenn sich die Mannschaften zusammenstellten. Der Stolz über diese Beliebtheit erfüllte sie. Er gab ihr nicht nur ein Gefühl der Überlegenheit, sondern sie fühlte sich auch körperlich ganz durchdrungen von ihren sportlichen Kräften, an denen sie wachsen konnte.

Ihre starken Beine und tänzelnden Füße, der Einsatz ihrer Aufmerksamkeit im Spiel, und ihre Arme, die den schweren Medizinball, der gegen den Brustkasten prallte, sicher auffingen, das waren die Quellen ihrer Genugtuung.

Sie wurde deshalb zwar nicht eitel, doch wie selbstverständlich sie alle Begünstigungen hinnahm und mit keinem Wimpernzucken verriet, wie sicher sie sich ihrer Position war – das zeugte schon von einem geradezu unverschämten Selbstbewußtsein. Sabine war, was man eine Anführerin nennen konnte. Sie zog Bewunderung auf sich, sie war geachtet, und alle hielten sich gern in ihrem Dunstkreis auf.

Da Sabine eine gute Kameradin war, dachte sie nicht daran, ihre Stärke auszunutzen, sondern sie bemühte sich vielmehr um Ausgleich. Bei allem sportlichen Ehrgeiz achtete sie doch darauf, daß die weniger begabten Mitspieler nicht unter ihrem Mangel leiden mußten oder gar verletzt wurden. Annemarie zum Beispiel war dicklich und eher unbeholfen, aber sie wurde stets von

Sabine in ihre Mannschaft gewählt und blieb so selten als letzte übrig. Einerseits schwang darin eine gewisse Überheblichkeit mit: Eine schlechte Mitspielerin verkraften wir spielend. Andererseits aber konnte es auch als Zeichen mitfühlenden Verständnisses gewertet werden. Und vor allem war klar, daß Sabine ihre Macht nicht ausnützte.

Darin zeigt sich ein für dieses Alter von etwa zehn Jahren wichtiger und auch typischer Entwicklungsschritt. Die Beziehungs- und Freundschaftsfähigkeit hat sich entscheidend gewandelt. Die Verpflichtung einem Kameraden oder einer Kameradin gegenüber wird bewußter gelebt und auch gestaltet, und das eher passiv erlebte Zusammensein, weil ja alle zusammengehören – als die Kleinen – wird zugunsten einer aktiven, kollegial solidarischen Haltung aufgegeben.

Natürlich hängt diese Fähigkeit mit der Beziehung zu den Eltern und deren Veränderung zusammen. Im gleichen Maße, wie dort Projektionen und Versorgungsansprüche abgewendet und in eigene Regie übernommen werden können, wächst die Fähigkeit, von den früher geforderten Zuwendungen nun selbst etwas zur Verfügung zu stellen und zum Beispiel Einfühlungsvermögen zu zeigen.

Ganz anders scheinen sich in dieser Zeit Freundschaftsgeschichten um Martin abgespielt zu haben. Eines Tages fanden ihn seine Eltern unglücklich schimpfend vor, als er den Freund, zu dessen Clique er bis dahin gehört hatte, aufs übelste verfluchte. Martin mußte etwas erlebt haben, das ihn tief gekränkt hatte und das, wie sich herausstellte, zu einem Bruch für immer geführt hatte. Was passiert war, ist nie ans Tageslicht gekommen. Martin behielt es für sich – es muß eine Ehrensache gewesen sein, etwas unter Männern vielleicht, oder auch eine peinliche Angelegenheit, die als Geheimnis gewahrt bleiben mußte.

Die Ähnlichkeit zu Sabines Geschichte liegt darin, daß Martins Freund Joe ebenfalls eine starke Machtposition innehatte. Und es schien, als lasteten von dorther nicht wieder einzulösende, maßlose Forderungen auf Martin. Joe war ein Profiteur. Seine Macht bezog er nämlich nicht aus eigener Kraft, sondern aus dem glücklichen Umstand, daß seine Eltern ein Pfannekuchenrestaurant unterhielten. Selbstverständlich stand er damit im Zentrum eines bei allen Kindern und Jugendlichen beliebten Anziehungspunktes. Wer ganz eng zu ihm gehörte, bekam die Pfannekuchen gratis.

Entweder war Martin einer wie immer gelagerten Entscheidung Joes gegen seine Freundschaftswünsche zum Opfer gefallen und mußte nun mit Schimpfen seinen Frust bewältigen, denn dies käme einem unverzeihlichen Herauswurf aus dem Pfannekuchenparadies gleich. Oder es waren Bedingungen an Joes Nähe geknüpft, auf die Martin nicht eingehen konnte.

Könnte es sein, daß Joe für sein Pfannekuchenprivileg von seinen Freunden Dienstleistungen verlangte oder sie zu Handlungen verpflichtete, die unehrenhaft waren?

Martins konsequentes Schweigen über die Zusammenhänge deutet darauf hin. Es sind meistens solche Begebenheiten zwischen Kindern und Jugendlichen, die irgendwie der Konvention widersprechen, an die sich Vorstellungen von Beschmutzung oder Schuld knüpfen, die dann so endgültig unter Verschluß genommen werden.

Ein Schuldigwerden in irgendeiner Form, vor allem aber im Zusammenhang mit Sexualität, rüttelt an der sich eben erst bildenden Intaktheit des eigenen Selbst.

Martin verfluchte Joe mit eindeutigen Worten und litt offensichtlich sehr unter dem Verlust der Freundschaft. Und die sehr bemühten Eltern mußten einsehen, daß sie hier an Grenzen stießen. Martin ließ sich nicht helfen. Sie blieben vor der Türe stehen, die Martin zugeknallt hatte, obwohl sonst zwischen ihnen und Martin ein gutes Vertrauensverhältnis bestand.

Die Geschichte hat mir Martins Vater erzählt, und es hat mich beeindruckt, wie vorsichtig er mit Martins Enttäuschung umgegangen ist. Anstatt in einem nimmermüden Helferwillen nach den Gründen zu bohren, hat er, obwohl die Radikalität des Bruchs mit Joe auch für ihn ganz unverständlich war, Martin Beistand geleistet. Er hat Martins schimpfende Entscheidung, mit Joe nie mehr etwas zu tun haben zu wollen, geachtet und mitgetragen. Und vor allem hat er ihm gezeigt, daß Geheimnisse erlaubt sind.

Bemerkenswert ist, daß Martin sich kurze Zeit nach diesem Ereignis sehr eng an ein etwas älteres und reiferes Mädchen anschloß. Diese Verbindung, die zu einer unzertrennlichen wurde und eigentlich in ihrer Intensität als Beziehung zwischen Junge und Mädchen in ein anderes Entwicklungsalter gehörte – in die frühe Adoleszenz –, legt die Vermutung nahe, daß es sich bei der Ursache für den Bruch mit Joe um eine sexuelle Begebenheit gehandelt haben könnte. Was sonst ist so sehr mit Unsicherheiten besetzt und mit Ängsten überfrachtet, daß es so vehement abgewehrt werden muß?

Möglicherweise ist Martin aus Angst vor einer homosexuellen Entwicklung in die Arme eines Mädchens geflüchtet? Ein Vorgriff vielleicht, vielleicht auch Beruhigung und vorübergehender Trost und Bestätigung der nun im Schutz des Mädchens sich entwickelnden Männlichkeit.

In einem solchen Fall bleibt das Geheimnis wirklich am besten in seinem Versteck. Martin trägt es. Er hat etwas, das niemand wissen soll. Das gibt ihm Gewicht und Bedeutung. Das Behalten eines Wissens und sein Hergeben, bis es irgendwann der eigenen Entscheidung folgend preisgegeben wird, bedeutet einen großen Zuwachs an Autonomie – jetzt auf einer geistigen Stufe. Hinzuzufügen bleibt eine Bemerkung über die Bedeutung des Feindes. Martin hat ganz eindeutig aus Joe, der ein Freund war, einen Feind gemacht – was immer diese Verwandlung auch bewirkt haben mag. Keine Einlenkung, keine Wiedergutmachungsversuche, keine Aussprache, nichts sollte die alte Beziehung retten. Monate später nach Joe befragt, zuckte Martin nur mit den Schultern – nein, da habe sich nichts geändert, obwohl man sich notgedrungen ab und zu sehe.

Martin bewegt sich sicher zwischen seinen Freunden und Joes Feindeslager. Er geht seinen eigenen Weg, und der Feind erfüllt dabei eine bedeutsame Funktion. Er verkörpert die Seite, zu der Martin nicht gehört, die es aber gibt und mit der zu rechnen ist.

Martin hat mit seiner bewußten Verweigerung der Wiedergutmachung eine Entscheidung getroffen, die ihm Eigenständigkeit zusichert. Es geht auch ohne Joe.

Dieses starke, aber auch von großem Verzicht gekennzeichnete Verhalten hilft Martin, wie in vielfältig anderen Geschichten anderer Jugendlicher, den eigenen Weg in der freien Lebenswildbahn zu finden. Ent-scheiden heißt auch für sich selbst Spreu und Weizen voneinander zu trennen.

Das unglückliche Dreieck

Unreif für ein erweitertes Beziehungssystem,
Probleme mit Freunden

Thomas, Wanja und Tobias haben etwas miteinander. Sie sind nicht etwa dicke Freunde, keine „Dreierkiste", nein, sie haben vielmehr dauernd Streit und verbreiten eine enorme Unruhe in ihrer Klasse.

Thomas hat das Gefühl, Wanja habe ihm Tobias ausgespannt. Tobias war bis vor kurzem der beste Freund von Thomas. Unzertrennlich waren die beiden. Vor allem das Leben von Thomas war in vielem durch Tobias bestimmt. Es war entscheidend, ob Tobias mitkommt, ob er dieses oder jenes ebenfalls gut oder blöd findet, was er tut oder läßt. Das konnte als Stimmungsbarometer gelten. Thomas brauchte Tobias an seiner Seite.

Wenn ein Nachmittag ohne Tobias verstreicht, hängt Thomas lustlos herum, läßt wie ein einsamer Wellensittich die Flügel hängen, weiß nichts mit sich anzufangen, ist untröstlich. Die Welt verschwindet hinter einem Vorhang von nörgelnden Klagen.

Die Mutter ist verzweifelt, wenn sie ihren Bub so leiden sieht. Machtlos steht sie vor dem Häufchen Elend und hört sich sein Gequengel an.

Was sie daraus entnehmen kann ist, daß Thomas alle Ungerechtigkeit, die er in solchen Augenblicken fühlt, auf Wanja projiziert, den neuen Klassenkameraden, der in der Fantasie von Thomas zum Tobias verschlingenden Ungeheuer wird. In Thomas' Reden wächst Wanja zum brachialgewaltigen Dinosaurier an, dabei sei er, sagt die Mutter, ein zarter und sehr netter Junge. Wanja war mit seinen Eltern vor kurzem zugezogen und hatte sich in der neuen Klasse schnell zurechtgefunden. Er muß völlig zu Unrecht den Sündenbock im vorliegenden Drama spielen.

Aber Thomas muß erleben, daß Tobias mit Wanja spricht, in der Pause mit ihm Fußball spielt, sich mit ihm verabredet und ihn zu Hause besucht.

Es ist klar, daß Wanja all das verkörpert, was Enttäuschungen einbringt.

Thomas bleibt dabei: Wanja sei ein Schläger, er ärgere und hänsele ihn dauernd, er habe ihm sogar einen Schuh auf den Kopf gehauen. Die Lehrer aber konnten nur das gewöhnliche Gerangel und Geschiebe unter den Kindern beobachten, wie es zum Beispiel in der Garderobe des Schwimmbads üblich ist.

Thomas wird immer kränkbarer und wertet jedes kleinste Gerempel als Angriff gegen sich. Er entwickelt dabei eine raffinierte Geschicklichkeit, Situationen so zu drehen, daß sie seinen Fantasien entsprechend ausgelegt werden können. So wie er es verstehen will, will Wanja ihm permanent klar machen: Ätsch, den Tobias habe ich. Schließlich steigerte sich sein Unglück so weit, daß er die Klasse verlassen wollte und, obwohl er ein glänzender Schüler war, die Schule zu schwänzen begann.

Niemand konnte sich erklären, warum das alles dahin kommen mußte. Die Eltern hatten sich mit den Lehrern besprochen, niemand wußte Rat. Von außen her war dem Konflikt nicht beizukommen. Es gab keine sichtbaren Hinweise auf bewußte Böswilligkeiten von seiten Wanjas.

Mit seinem Vater zusammen, der leider nur selten zu Hause war, hatte Thomas einige Strategien ausgeheckt, wie an Tobias vielleicht wieder heranzukommen sei. Die Bemühungen verliefen aber im Sande, denn erstens konnte Thomas in seiner Stimmung die damit verbundenen Anstrengungen nicht durchhalten, die „Beleidigungen" hatten ihm allen Wind aus den Segeln genommen, und zweitens zeigten sich die realen Situationen auch ganz anders als die konstruierten. Tobias war nämlich überhaupt nicht untreu geworden. Er wollte weiter mit Thomas spielen – nur hatte er sich erlaubt, einem zweiten Freund seine Aufmerksamkeit zuzuwenden. Und dies war der springende Punkt: Der Dritte im Bunde konnte von Thomas nicht zugelassen werden.

Er lebte offensichtlich in der Vorstellung, daß es nur einen einzigen Freund geben könne, einen einzigen, sozusagen als bessere Hälfte.

Diese wenigen Male, die Tobias ausschließlich mit Wanja zusammen war und die Thomas natürlich mit Argwohn kontrollierte, entwerteten frühere Zusammenkünfte von Tobias und Thomas derart, daß Thomas sich total ins Abseits gestoßen fühlte, wo die Welt nur noch schwarz war.

Wie kommt es bei Thomas zu diesen drastischen Beurteilungen und Reaktionen?

Eigentlich wäre zu erwarten gewesen, daß er irgendwann in das Dreieckspiel hätte einsteigen können, den Eindringling zwar ärgerlich musternd, aber doch allmählich akzeptierend. Auch ist es ja oft so, daß ein „Störenfried" letztlich belebend und innovativ auf die gemeinsamen Unternehmungen wirkt. Rivalitätsgefühle gehören zum Leben, und sie sollten im Alter von neun Jahren zu bewältigen sein, ohne die Welt aus den Fugen zu bringen.

Nichts zu machen. Mit gesenktem Kopf – und mit sehr klaren Argumenten – beharrte Thomas auf seiner Position des Verschmähten.

Eine psychologische Betrachtung brachte etwas Licht in die Zusammenhänge. Es stellte sich heraus, daß Thomas schon von jeher ein sehr sensibles Kind war und äußerst empfindlich. Dazu kam, daß er als Baby unter heftigen Koliken zu leiden hatte und deswegen nächtelang vom Vater oder der Mutter herumgetragen werden mußte. Er gewöhnte sich dabei an einen engen und anhaltenden Kontakt zu einer Bezugsperson und machte auch später seinen Anspruch auf die ausschließliche Zweierbeziehung immer wieder geltend. Vor allem die Mutter mußte in der Nähe sein, und wehe, wenn ihm der Platz bei ihr streitig gemacht wurde.

Als er in das Alter kam, in dem ein Kind sonst durch ein bewußtes Wahrnehmen des Dritten seinen Beziehungskreis erweitert und deswegen die als Loslösung bezeichnete Distanzierung von der Mutter bewältigt, war sein Vater leider stark von Arbeit absorbiert. Er baute gerade eine Praxis als Arzt auf, verließ morgens sehr früh das Haus und kam oft erst zurück, als es für die Kinder schon Zeit war ins Bett zu gehen. Thomas hatte auch dadurch nur unzureichend Gelegenheit, seine Beziehungsbedürfnisse anderswo zu verankern. Man kann sagen, er blieb an seiner Mutter hängen.

Er freute sich trotzdem über die Geburt der kleinen Schwester, drei Jahre jünger als er, deren Geburtstag er sogar als den „schönsten Tag" seines Lebens bezeichnet. Unter den gegebenen Umständen aber ist anzunehmen, daß seine „Freude" an der Schwester nur eine halbe Begeisterung ist, als Anpassung an die Mutter geäußert, deren Gunst er nicht verlieren darf.

138

Er läßt nichts auf Melanie kommen. Aber wenn er mit der Mutter allein zuhause ist und sie vom Kindergarten heimzukommen droht, beklagt er sich offen darüber, daß der Kindergarten nicht zwei Stunden länger dauert. In diesem Lichte erscheinen die Probleme, die Thomas daran hindern, einen Freund mit einem anderen zu teilen, schon verständlicher, denn es ist naheliegend, daß er seine frühen und unmittelbaren Familienerfahrungen auch auf andere Beziehungssituationen überträgt.

Zu verstehen ist in erster Linie, wie schwierig diese Situation für Thomas ist, wenn er jetzt im Bubenleben damit aneckt und sich selbst und anderen das Leben schwer macht. Wie groß muß seine Verlustangst sein, wenn ein Dritter auftaucht. Es ist ein Zeichen der symbiotischen Zweierbeziehung, daß jede dazukommende oder in Frage kommende Bezugsperson, die das Zweiergefüge aufzulösen droht, heftige Ängste auslöst. Denn in der Symbiose ist die eigene Existenz bedroht, wenn der Partner sich einem anderen zuwendet.

Wenn Kinder die Erweiterung der Beziehungsmöglichkeiten nicht genügend kennenlernen, erfahren sie die Loslösung aus der Symbiose mit der Mutter nur mangelhaft und können wechselnde Beziehungsangebote auch später kaum in Anspruch nehmen lernen.

Der entscheidende Schritt wird in der Psychoanalyse Triangulierung genannt, womit die Erkenntnis gemeint ist, daß es neben der Mutter noch andere Partner geben kann beziehungsweise auch die Mutter andere Partner zuläßt. Natürlicherweise ergibt sich dies durch die Präsenz des Vaters. Er kommt zuerst als ein dritter dazu. In der Auseinandersetzung mit ihm als neuer geliebter Partner oder auch als Rivale spielt sich allmählich das erweiterte Beziehungsverhalten ein. Natürlich kommen auch andere Personen als der leibliche Vater dafür in Frage.

Es müßte bei Thomas, der dies nun in verspäteter Situation nachholen muß, vor allem darum gehen, Vertrauen in eine Bezugsperson zu entwickeln, mit der er die entsprechenden korrigierenden Erfahrungen machen kann. Dann könnte sich sein Selbstgefühl stärken, und er wäre durch Beruhigung seiner Ängste dann auch befähigt, seinen besten Freund aus der Umklammerung zu entlassen oder ihm selbst „untreu" zu werden, wenn eine neue Erfahrung lockt.

Das bisher Gültige wird dadurch nicht ernstlich in Frage gestellt. Der andere ist immer noch da, er kommt zurück, und auch Thomas kommt zurück, wenn er einen Ausflug in ein anderes Beziehungsgebiet gemacht hat.

Solche Erfahrungen dehnen das Bindungsband, das auf jeden Fall elastisch bleiben muß; nur ein starres geht kaputt, und dies bei der erstbesten Überdehnung.

Beziehung und Entwicklung bedürfen somit dringend des spielerischen Elements, zu dem der Wechsel und das Ertasten von alternativen Möglichkeiten gehört. Wie soll es sonst möglich sein, später den geeigneten Lebenspartner zu finden?

Es tat Thomas gut, in einigen Gesprächen Verständnis für seinen Kummer zu finden, und es gelang auch, ihm neue Perspektiven aufzuzeigen und ihn etwas von seinem plagenden Einzelbeziehungsanspruch zu erlösen. Aber die Hauptsache war, daß die Familie durch Beratung auf ihre Muster des Alleingangs oder des Zuzweitgangs aufmerksam wurde und etwas korrigieren lernte.

Höchst interessant war nämlich, daß in dieser Familie alle das gleiche Verhalten in Beziehungsdingen zeigten. Man könnte sich ja fragen, warum nicht andere Beziehungspartner ins Spiel gekommen sind, damals, als der Vater unabkömmlich war. Denn es sind andere Personen da – doch alle kennen immer wieder nur das eine Zweier-Zusammensein.

Wenn die Geschwister zum Beispiel an einem bestimmten Wochentag regelmäßig bei den Großeltern zu Besuch waren, spielte sich jedes Mal das gleiche Ritual ab. Thomas hatte bei der Großmutter Klavierstunde, während Melanie und der Großvater sich Geschichten erzählten. Nach der Klavierstunde wurde abgewechselt, Thomas bastelte nun mit dem Großvater und Melanie war mit der Großmutter zusammen. Es ging immer sehr friedlich zu. Eine gemeinsame Spielsituation zu mehreren, in der es zu Streit oder Rivalitätszenen kommen konnte, war ja auch ausgeschaltet.

Zu Hause gestaltete es sich ähnlich. Nur ganz selten unternahm die Familie gemeinsam etwas, weil beide Eltern fast nie gemeinsam frei hatten. Innerhalb dieser Beziehungsmodalitäten – und das ist ein weiterer wichtiger Punkt – waren auch Erfahrungen nicht gegeben, die für einen Jungen heilsam sind, nämlich die Mutter als Partnerin des Vaters zu erleben. Wenn die Eltern zum Beispiel gemeinsam ausgingen, merkten die Kinder das nie, denn der Vater kam direkt von der Arbeit an den Bestimmungsort und traf die Mutter dort. Sie ging allein aus dem Haus. Und so konnte sich die kindliche Fantasie, die später in die reale Gewißheit münden muß, daß die Mutter dem Vater gehört, nie mit dem Vater als ernstzunehmendem Rivalen beschäftigen, als Rivalen, mit dem es aber auch wieder Versöhnung gibt.

In der Familie von Thomas war es möglich, diese Muster zu hinterfragen und allmählich zu korrigieren. Thomas lernte sich in diesem Feld freier zu bewegen und konnte bald seine neuen Erfahrungen auch auf seine Freundschaft mit Tobias und schließlich auch Wanja übertragen.

Zeig mir, wer ich bin

Zweierbeziehungen, eigene Welt, Rückzüge

Die Pubertät ist in vielfacher Hinsicht eine hochkomplizierte und schillernde Entwicklungsphase, die nicht nur den Pubertierenden selbst, sondern auch die ihn begleitenden Erwachsenen vor manches Rätsel stellt. Zum einen ist es die Zeit des endgültigeren Herauslösens aus dem Familienkreis, der Neuorientierung mit Hilfe von Freundschaften und des Aufbruchs in die offener gewordene Welt, die als Erfahrungsraum jetzt selbständiger durchstreift werden kann. Zum anderen ist es die Zeit der körperlichen und geschlechtlichen Reifung und Identitätsfindung mit allen dazugehörenden und dramatischen seelischen Bewegungen zwischen Minderwertigkeit und Größenwahn. Oft muß mit revoltierendem oder protzigem Gehabe die Unsicherheit abgewehrt werden, die über die eigene Identität noch herrscht, oder abweisende Abkapselungen dienen der Dokumentation von Unabhängigkeit, die aber doch noch lange einer starken Ambivalenz unterliegt.

Im allgemeinen braucht ein Jugendlicher, der in der Pubertät steckt, seine erwachsenen Bezugspersonen mehr denn je, wenn er sie auch gleichzeitig entschieden ablehnt. Sie müssen einfach da sein und das Netz halten, wenn er auf der Gratwanderung zwischen Fantasie und Realität der Frage nachgeht: Wer bin ich, wer werde ich einmal sein?

Die Bewegung von zu Hause weg ist ein ganz wichtiges Kriterium für diese Entwicklung, und sie zeigt sich am deutlichsten in der Art des Umgangs mit Freunden. Während bis vor kurzem die Freunde noch eher als Meute auftraten, die Klassenkameraden, die Kinder vom gleichen Hof, die Pfadfinderfreunde und so weiter, gilt es jetzt denjenigen Freund zu finden, mit dem man die Welt teilen kann. Mit diesem Freund findet der Jugendliche eine gemeinsame Sprache, mit ihm bespricht er Probleme, die beiden vertrauen sich einander an. Sie teilen ein gemeinsames Interesse, sie vertiefen und durchforschen gemeinsame Themen, ob es sich nun um Technisches, Kulturelles oder um Elektronik handelt, ist gleichgültig. Das eigene Thema, in das zusammen mit einem Freund oder mit einer Freundin Energie investiert wird, schafft Abgrenzung von den altvertrauten Bezugspersonen, die von all dem ja keine Ahnung haben. Wehe, sie haben eine – dann tun sie gut daran, ihr Wissen nicht zu zeigen.

Freundschaften um Themenbereiche sind exklusive Räume, zu denen nur anerkannte Meister Zutritt haben. Meister ihres Faches, Idole und Vorbilder. Das Bedürfnis, persönliche Probleme mit dem Freund austauschen zu können, definiert sich in dieser Zeit öfter noch über den gemeinsamen Fachbereich, schon deshalb, weil das Persönliche noch gar nicht klar gefunden ist. Das Befaßtsein mit einer Sache aber vermittelt den Freunden ein Gefühl inniger Zusammengehörigkeit. Eingeweihte in einem Gebiet zu sein, das schafft Identitätsgefühle und einen heimatlichen Raum.

Die Zimmer von Pubertierenden verwandeln sich oft in sehr eigenwillige Räume, die dem Zweck der ganz eigenen Beschäftigungen dienen. Samuel zum Beispiel lebte in einem Terrarium, in dem er Schlangen züchtete. Andere Zimmer gleichen Laboratorien oder sind mit elektronischen Musikinstrumenten ausgerüstet, mit denen die Jugendlichen experimentieren, oder sie gemahnen mit ihren Fotos und Postern an Tempel, in denen den Idolen gehuldigt werden.

Ganz klar, daß das entstehende Chaos, ein Durcheinander von Kleidern, Schuhen, Papieren, leeren Cola- oder Bierdosen, der Sache überhaupt keinen Abbruch tut. Hier hat niemand sich einzumischen. Denn was von mütterlichen Augen als Schweinestall angesehen wird, ist für den zu Besuch kommenden Freund ganz selbstverständlich. Auch wenn er über Nacht bleibt und mit im Zimmer schläft, genügt ihm eine schmale Matratze inmitten des ganzen Geknäuels. Es scheint, als erfülle die Anhäufung des vermeintlichen Unrates eine ganz wichtige Funktion – sie wiederholt nämlich mit ihrem chaotischen, aber doch ganz eigenständigen Gewirke das ganz ursprüngliche Nestgefühl, das dem Kind einst so vertraut war.

Jetzt gestalte ich mein Leben selbst – das geht euch nichts mehr an:

Gut, dann ist es aber auch entschieden so, daß die anderen Räume respektiert werden. In den gemeinsamen Zimmern gilt Familiengesetz.

Bei Mädchen sieht das alles etwas anders aus. Das Chaos hält sich in Grenzen, und wirkt ihm nicht oft sogar, der „guten Erziehung" zufolge, eine zwanghafte Ordnung entgegen? Die sorgsam aufgereihten Figürchen auf den Regalen, die dekorativ gestaltete Sitzordnung der Stofftiere? Aber Vorsicht mit solchen Zuordnungen. Denn das Rollenverhalten löst sich heute zunehmend auf.

Eine wunderbare Errungenschaft dieser Zeit ist die Erweiterung des Lebensraumes. Die Welt tut sich auf.

Freunde träumen von gemeinsamen Reisen oder vom ersten selbständigen Besuch einer großen Stadt. Vielleicht darf man, wenn der ältere Bruder oder die ältere Schwester schon solche Ausflüge macht, einmal mitfahren? Mit dem Auto oder mit dem Rucksack, in Zug oder Bus? Wohin? Nach Hamburg, nach Paris?

Oder der Freund lädt dazu ein, mit ihm und seiner Familie ans Meer zu reisen. Dann sind die Jugendlichen zwar noch nicht ganz selbständig, können aber doch als Untergrüppchen eigenständig etwas unternehmen. Sie können am Ferienort zusammen in die Disco gehen und in der südlichen Hitze nachts unverschämt lange aufbleiben und verschiedenen Geheimnissen auf die Spur kommen.

Auch die Tatsache, daß es in der anderen Familie andere Gespräche, andere Rituale gibt, bereichert den Horizont, und die Kinder lernen auch ganz sicher kennen, was sich hier wie dort wiederholt, das immer gleiche Elterliche, gegen das gemeinsam vorzugehen ist.

Außenwelt und Innenwelt spannen sich als Pole weit auseinander. Wenn sich einerseits das Umfeld in immer weiteren Kreisen erschließt, so ist die Erforschung der inneren Räume jedoch ebenso wichtig. Und da auch hier unwegsames Gelände zu erwarten ist, ist die Unterstützung eines Freundes hilfreich.

Das Zukunftsträumen und Fantasieren, das Horchen auf das Rumoren im Körper, das Gefühle und nie gekannte Sehnsüchte freisetzt – ist das alles normal?

Aus allem rauswollen, aus der Welt hier, als Holzfäller nach Kanada gehen oder ins Ausbildungszentrum für Astronauten, weg in etwas Einzigartiges, denn der, der da werden wird und seinen Weg finden will, ist schließlich ein Einzigartiger. Ein Abenteurer und Weltbezwinger. Oder eine Hoteldirektorin, die Anweisungen gebend und Blumensträuße zurechtzupfend durch das große Haus geht, oder die biologisch-dynamische Bäuerin, die alles ganz anders macht, und bei all diesen Zukunfsvisionen fühlt sie ihren Busen wachsen und ihre Gesichtszüge und den ganzen Körper sich verändern. Unruhe und Erregungen und die Suche nach Entspannung, ist das alles normal?

Die Unsicherheit und der Zweifel in bezug auf die seelische und körperliche Intaktheit in dieser Zeit dramatischer Veränderungen treibt die Jugendlichen in enge freundschaftliche Paarverbindungen. Mädchen zu Mädchen, Junge zu Junge.

Die Bezeichnung Busenfreundschaft weist plastisch auf die gesuchte Nähe hin. Auf Außenstehende wirkt es oft befremdlich, wie sich die Freunde gegenseitig mit den Augen verschlingen, sich berühren oder zärtliches Verstehen füreinander kundtun. Jeder weiß, worum es geht, und es scheint, als müsse in dieser Intimität die eigene Veränderung auf ihre Normalität hin überprüft werden. Wenn ich sie am anderen wahrnehme und annehmen kann, so kann ich sie auch bei mir selbst akzeptieren.

Der Rückzug in die Paarverbindungen gleicht oft einer Abkapselung und weist anderen Bezugspersonen und auch früheren Freunden brüsk die Tür. Bis zu Geheimzeichen in der Mimik oder einer Geheimsprache ist das Bündnis vor der Einmischung anderer abgesichert. Der Jugendliche identifiziert sich in dieser Zeit in dem Maße mit dem Freund oder mit der Freundin, in dem er sich selbst kennen- und wertschätzen lernen will.

Da ist es nicht weiter verwunderlich, wenn auch ganz konkret in des anderen Haut geschlüpft wird. Man tauscht Kleider, trägt des anderen Pulli oder kauft im gleichen Geschäft ein. Nur hier. Der Exklusivität zuliebe nur hier.

Im Dienste der Exklusivität gleichen die Freunde sich an. Diese Paradoxie ist typisch für diese Zeit und ist mit Erwachsenenlogik nicht aufzulösen. Das Einzigartige geht so weit, daß es zu Uniformierung wird. Sehr gut läßt sich das an den von Jugendlichen bevorzugt getragenen gedeckten Farben, meistens sogar schwarz, ablesen. Dabei denke ich nicht an die Uniformen radikaler Gruppierungen. Es zeigt sich vielmehr ganz allgemein, daß Jugendliche gern Farben tragen, die wir eher älteren Menschen zuschreiben würden. Das Helle und Fröhliche ist keineswegs das Junge. Im Gegenteil, dunkle Farbtöne und das Schwarz in seiner Dichte markieren Konzentration auf eine innere Bedeutung, einen Kern der Persönlichkeit, der sich festigen soll.

So wie Katja

Suche nach der eigenen Identität, mit einer Freundin

Katja wurde von Maria bewundert. Sie trug enge Jeans und darüber ein lockeres Sweat-Shirt, manchmal ein schwarzes, das ihr ein besonders knabenhaftes Aussehen verlieh, obwohl ihr Körper doch schon recht weit entwikkelt war. Katja war schlank und bewegte sich graziös und sicher. Ihre Haare trug sie kurz, und wenn die Sonne darauf fiel, sah man den roten Henna-Schimmer, den sie sich hineingefärbt hatte. Unverschämt reizvoll glänzte das.

Maria wohnte auf dem Land, sie kam von dort jeden Tag in die Stadtschule gereist. Schon lange beobachtete sie Katja scheu aus der Ferne, es zog sie zu ihr hin – eine Anziehung, die sie sich nicht erklären konnte und der sie noch viel weniger Folge zu leisten vermochte. Ganz im Gegenteil, sie isolierte sich und vermied es, seit Katja ihr Interesse erregt hatte, sich selbst in den spiegelnden Schaufenstern rechts und links des Schulwegs zu begegnen, weil sie fürchtete, dem Bild Katjas nicht standhalten zu können.

Sie begann, wenn sie an sich hinuntersah, ihre Kleider und ihre plumpen Schuhe zu hassen, die zwar wetterfest waren, praktisch, wie es zuhause hieß, aber jedes modischen Chics entbehrten, der die Beine etwas länger und schlanker hätte erscheinen lassen. Der selbstgestrickte Pullover saß auch nicht gut, und er begann zu kratzen, was er früher nicht getan hatte.

Nur heimlich, in seltenen unbeobachteten Momenten, begann Maria sich doch im Spiegel zu betrachten. Ihr Gesicht von vorne und dann mit einem kleinen Hilfsspiegel von der Seite. Lange konnte sie sich in ihre eigenen Augen versenken, als erfrage sie ihr Wesen, das sich beim Angeschautwerden preisgeben würde. Wer war sie? Wie sah sie eigentlich aus, und wie sahen die andern sie wohl? War da nicht irgend etwas zu entdekken, das schön war? So begann sie sich zu fragen. Und ob sie es wahrnahm oder nicht, Katja war dabei. Es war ihre Bewunderung für Katja, die ihr die Impulse und den Mut für ihre Selbstbefragungen gab.

Sie probierte mit ihren Haaren, die sie stets zu einem Pferdeschwanz zusammen genommen trug, neue Frisuren aus, stülpte die Haarenden über den Kopf, so daß sie ihr als Fransen in die Stirn fielen, oder sie drehte sie zu einer Kurzhaarfrisur ein. Aber da sie mit all diesen Versuchen allein blieb, verloren sich die Veränderungsideen wieder im Alltäglichen.

Die Mutter und auch die Tante, die noch im Haushalt wohnte, kümmerten sich wenig um Modisches. Es gab eine stille Übereinkunft, derzufolge es sich dabei um Eitelkeiten handelte, um vertane Zeit. Selbstbetrachtungen vor dem Spiegel waren verpönt, Schminken sowieso.

In Marias Umgebung ging es ausschließlich um das Zweckmäßige. Wenn zum Beispiel der Bauerngarten bestellt und gepflegt werden mußte, war es egal, ob man dies in einem roten oder grünen Pullover tat. Wichtig war, daß man sich nicht übermäßig verschmutzte oder vielleicht das Kleidungsstück erwischte, das für den Sonntag reserviert war. Ein Pullover war ein Pullover. Auch wenn sich die Großmutter bemühte, mit allerlei Mustern Abwechslung hineinzustricken, blieb er ein Nutzgegenstand und erfüllte nie die Anforderungen, die Maria zu entwickeln begann.

Diese Widersprüche verdichteten sich in Maria zu einem inneren Konflikt, an dem selbstverständlich auch die männlichen Familienmitglieder teilhatten. Das spöttische Augenzwinkern des Vaters und anzügliche Bemerkungen der Brüder hemmten sie zusätzlich, wenn sie sich ihren neu erwachenden Neigungen hingeben wollte. Der Zeitaufwand vor dem Spiegel widersprach der ländlichen Konvention, nach der nur das Nützliche und Zweckgebundene seine Berechtigung hatte. Hatte sie nichts Besseres zu tun? Maria steckte Bosheiten und Neckereien ein. Mit Hilfe ihres kleinen Taschenspiegels probierte sie heimlich einen Lippenstift aus. Natürlich blieb das nicht unbemerkt. Die Tante konnte es sich nicht verkneifen, auf die zweifelhaften Schicksale der Mädchen hinzuweisen, die sich der eigenen Eitelkeit und der männlichen Lust auslieferten.

So entstand in Maria ein Bild ihrer eigenen Verdorbenheit, wenn sie sich ihren Träumereien überließ und eine kesse, schöne und begehrenswerte Maria vor sich sah, deren kleiner Busen sich unter einem dünnen Pulli abhob.

Gegen diese Bilder konnte sie nichts unternehmen und mußte sie doch verzweifelt abwehren. Wer will schon einer sündigen Entwicklung erliegen?

Marias Lebensraum wurde öde und eng. Stets meinte sie prüfende Augen auf sich zu spüren.

Manchmal zweifelte sie daran, ob sie in der städtischen Schulklasse in der richtigen Gesellschaft gelandet sei. Sie war aufgrund ihrer guten Noten dem Rat ihres Lehrers gefolgt und hatte aufs Gymnasium gewechselt. Schulisch hatte sie keine Probleme.

Katja war im Gegensatz zu Maria eine richtige Stadtpflanze. Sie kannte sich überall aus, auch in den großen

Kaufhäusern, in denen sie gern herumstreunte, sie kannte die Stände, an denen Schminkstifte, Haarspangen oder anderes Zubehör günstig zu erstehen waren und gab auch entsprechende Tips großzügig an ihre Kameradinnen weiter. Wenn sie dann von ihren Stadtausflügen auf Rollschuhen erzählte, sah Maria sie wie eine Königin durch die Menge schweben.

Was Maria an Katja am meisten faszinierte, war die Selbstverständlichkeit, mit der sie alles „Verbotene" lebte. Sie hatte sogar einen kleinen Spiegel in der Jackentasche, in den sie ab und zu sah, wenn sie sich die Haare zurechtstrich. Sie tat das alles so unbefangen. Und absolut hinreißend fand Maria, wie sie mit leicht hochgezogenen Schultern, die Hände in den Hosentaschen, einen Fuß nach hinten gegen die Mauer gestemmt, dastand und das Treiben auf dem Pausenhof beobachtete. Katja war für sich und doch von allen umworben.

Maria übte sich heimlich in Katjas Pose. Außer den hochgezogenen Schultern blieb jedoch nicht viel davon übrig. Bei Maria bewirkte diese Übung lediglich einen verstärkten Rückzug in sich selbst. Was bei Katja Gelassenheit ausdrückte, schrumpfte bei Maria zu einem Bild der Schüchternheit zusammen. Jedenfalls machte es den Anschein. In Wirklichkeit lag in dieser Pose das Gefühl, mit Katja verbunden zu sein. Zu Hause aber hieß es: Halte dich gerade, du wirst ja ganz krumm, und so weiter. Niemand konnte wissen, daß es sich für Maria eben darum handelte, „gerade" zu werden. Sie war auf der Suche nach sich selbst.

Offensichtlich wollte sie etwas ganz anderes werden, als man zu Hause in ihr sah, und Katja bot ihr als ein heimliches Vorbild die Gelegenheit, über die Identifikation mit ihr neue Seiten in sich zu entdecken.

Dies alles spielte sich unausgesprochen zwischen beiden ab. Was wäre auch zu besprechen gewesen? Es geschah einfach. Maria hielt sich in bewundernder Distanz.

Um so erstaunter war sie, als Katja eines Tages in der Pause auf sie zukam und sie schüchtern fragte, ob sie sie für den Nachmittag einladen dürfe. Sie könnten zusammen Schulaufgaben machen und danach noch etwas unternehmen. Es stellte sich heraus, daß Katja ein liebes und natürliches Mädchen war, alles andere als eine hochmütige Königin. Sie nahm Maria zum Mittagessen mit nach Hause und gestand ihr unterwegs, wie lange sie schon mit dem Gedanken gespielt hatte, sie einmal einzuladen, sich aber nicht getraut hatte, weil sie sich Maria gegenüber dumm und unordentlich vorkam.

Maria nahm erstaunt zur Kenntnis, daß sie nun selbst Gegenstand der Bewunderung war, und registrierte verlegen die Selbstverständlichkeit, mit der sie ihre Hefte sauber führte, was Katja beneidenswert erschien.

Katja war keine schlechte Schülerin, aber so sehr sie sich selbst in Ordnung brachte und pflegte, so schlampig behandelte sie ihre Schulsachen. Ordnung und Fleiß mangelhaft.

Maria und Katja wurden Freundinnen. Sie gaben einander wichtige Hilfen, ohne es zu bemerken. Sie genossen ihre Zusammenarbeit bei den Schularbeiten, sie kamen besser vorwärts, sie tauschten sich aus, und was bei der einen korrekt oder überkorrekt anmutete, konnte sich lockern, und bei der anderen wurde das allzu Lockere in gebändigte Form gebracht. Während Maria mit ihrem klaren Verstand, aber sparsamer Fantasie an die Aufgaben heranging, mußte Katja ihre überbordende Verspieltheit zügeln, wenn es zum Beispiel um Aufsatzformulierungen ging. Die gegenseitige Kontrolle glich vieles aus.

Jedenfalls konnten sich beide nach den Aufgaben mit großer Genugtuung ins Vergnügen stürzen.

Katja eröffnete Maria auf Streifzügen durch ihre modischen Reviere eine neue Welt. Sie weihte sie in den Gebrauch der ersehnten Requisiten des Teenager-Lebens ein.

Die Taschengeldsituation erwies sich als ausgeglichen. Was Katja für sich selbst mehr hatte, wurde bei Maria durch das Geld ausgeglichen, das man ihr reichlich für Eßbares mitgab, weil sie ja in die Stadt reisen mußte.

Katja wußte genau, wo es die schönen Dinge gab, die wenig kosteten, die T-Shirts, die Ohrringe und Fingerringe, die Tücher und Abzeichen und natürlich Nagellacke und andere Schminkutensilien. Maria lernte von ihr, alles prüfend zu drehen und zu wenden, zu erwägen, es wieder zurückzulegen und wieder hervornehmen. Nein, auf den ersten Blick kaufte man nicht. Es war absolut nicht frech, von den Verkäuferinnen Geduld zu verlangen. Maria lernte das Recht des Käufers auf gründliche Prüfung kennen. Und vor allem – das war entscheidend – alles mußte genau sitzen oder zusammenpassen und mußte deshalb stundenlang vor dem Spiegel geprüft werden. Erst wenn beide ganz sicher waren, daß ihnen etwas wirklich gefiel, wurde es gekauft.

Bei diesen Gelegenheiten fiel es Maria, die sich längere Zeit an Katjas Geschmack angelehnt hatte, irgendwann auf, daß ihr etwas ganz anderes, möglicherweise sogar etwas von Katja Verworfenes, gut stand, ihr besonders gefiel. Sie entwickelte einen eigenen Geschmack. Und aus dieser neuen individuellen Sicherheit heraus einigten sich die beiden Freundinnen: Erst kaufen wir etwas für dich, dann etwas für mich.

Mit der Zeit lockerten diese Erfahrungen Marias identifikatorische Anlehnungsbedürfnisse entscheidend auf. Katjas Sicherheit, die ihr eigene Entscheidungen zubilligte, übertrug sich heilsam auf Maria. Auch zu Hause reagierte sie mit mehr Gleichmut auf die zweifelnden Blicke und stummen Zurechtweisungen. Sie wurde „eigen", behauptete sich und auch ihren Platz vor dem Spiegel.

Aber so ist er doch nicht

Suche nach der eigenen Identität,
mit einem Freund

Manfred hat sich eine merkwürdige Verhaltensweise angewöhnt. Er streift sich mit einer affektiert wirkenden Bewegung die Haare aus der Stirn, wobei er mit gespreizten Fingern wie mit einem groben Kamm durchfährt. Und diese Bewegung untermalt er dann mit einem leichten Nachhintenwerfen des Kopfes. Affektiert wirkt das deshalb, weil Manfreds Haare viel zu kurz sind, um diese Geste zu rechtfertigen. Manfred tut offensichtlich so, als hätte er lange Haare und müsse sie, da sie ihm lästig sind, aus der Stirn streichen.

Daß ihm diese Bewegung eine gewisse Wichtigkeit verleiht, steht außer Frage. Sie erregt Aufmerksamkeit, man schaut auf Manfred, man hört ihm zu. Manfred unterstreicht mit ihr seine Aussagen, wenn er beim Sortieren seiner Gedanken während des Sprechens zu Schlußfolgerungen kommt. Das Haarestreifen setzt ein Ausrufezeichen.

Bemerkenswert erscheint diese Geste aber nicht nur, weil sie sich faktisch erübrigt, sondern vor allem, weil Manfred bis vor kurzem ohne sie ausgekommen ist. Manfred hatte es nicht nötig, von Unterstreichungsgesten Gebrauch zu machen.

Er wurde immer ernstgenommen und hatte sich stets in aller Offenheit äußern können.

Selbst wenn man in Betracht zieht, daß seine Behauptungen an Kühnheit zugenommen haben und sich immer öfter im Widerspruch zu den üblichen Meinungen der Familie befanden, wirkte das Getue mit den Haaren komisch. Und vor allem die Mutter begann sich zu ärgern. Mit der Zeit entwickelte sie sogar eine Art allergischer Reaktion, war jedenfalls wütend und fühlte sich hilflos, weil sich ihr Sohn mit Hilfe dieser Geste der Auseinandersetzung entzog – aalglatt und blasiert erzwang er, daß das Gesagte unwidersprochen stehenblieb. Sauwütend konnte einen das machen. Manfred ist kaum wiederzuerkennen.

Aber das Schlimmste dabei war, und auch das machte wieder besonders der Mutter zu schaffen, daß Manfred mit seinen Haaren gedankenlos umging und auch hineinfahren konnte, wenn er zum Beispiel vorher gerade Salami geschnitten hatte. Die auf Hygiene gerichteten Vorstellungen der Mutter ließen ihr die Haare zu Berge stehen. Und es kostete die Mutter viel Kraft, nicht korrigierend einzugreifen. Denn dies alles war längst in Manfreds Eigenverantwortung übergeben worden. Manfred war sechzehn Jahre alt und ging aufs Gymnasium.

Bisher war er weder schmuddelig noch nachlässig gewesen. Im Gegensatz zu anderen Jugendlichen, die sich damit einen gewissen Stil zulegen, hatte er nie Wert auf löchrige, ausgefranste oder in verzerrten Größen getragene Kleider gelegt. Er hatte vielmehr Freude an einem gepflegten Äußeren gehabt. Um so mehr überraschte jetzt seine Unachtsamkeit, die seine Haare fettig und stinkig zu machen drohte. Es schien wie ein Zwang, der ihn zu dieser Geste trieb. Manfred wurde zum Haarestreifen getrieben wie andere Jugendliche zu Gewohnheiten wie Augenzwinkern, Kopfrucken, Räuspern oder sonstigen tickartigen Äußerungen.

Unter diesen Umständen wird deutlich, daß er die Bewegung nicht steuern konnte, also auch nicht bewußt unterlassen. Es hätte überhaupt keinen Wert gehabt, ihn zur Unterlassung aufzufordern – im Gegenteil – darauf aufmerksam gemacht, hätte Manfred nur vermehrt zu seiner Geste Zuflucht genommen.

Ich erinnere mich an einen Jungen, der ein stark überfordertes Kind war und wegen des großen Gewichtes, das auf ihm lastete, mit eingezogenen Schultern umherging. Jahrelang traf ihn mehrmals täglich die Aufmunterung: Junge, halt dich gerade! Das hatte zur Folge, daß er sich nur noch mehr in sich zurückzog und sein Kopf noch tiefer zwischen die Schultern sank.

Also tat Manfreds Mutter gut daran zu schweigen, wenn sie auch manchmal an den Rand ihrer Toleranzgrenze kam. Ein Ereignis brachte Licht in die Zusammenhänge. Manfred brachte seinen neuen Freund Jens mit nach Hause. Er hatte ihn, der etwas älter war, in der Theatergruppe der Schule kennengelernt, und er teilte mit ihm das Interesse für Literatur und Dramatik. Beide hatten mit Leib und Seele in der letzten Schulinszenierung von Shakespeares „Sturm" mitgespielt.

Jens hatte fast schulterlange Haare, die er mit Gel gefestigt nach hinten gekämmt trug. Wenn er sich gerade hielt, hielt die Frisur auch, und Jens strahlte einen aus blauen Augen gewinnend an. Sobald er aber den Kopf nach vorne oder auch nur etwas zur Seite neigte, fielen ihm die Haare vor die Augen und machten eine Bewegung mit der Hand notwendig, die ihm die Sicht wieder freigab. Mit gespreizten Fingern fuhr er von der Stirn her in sein Haar und streifte es nach hinten. Dazu gehörte ein leichtes Kopfwerfen, das die Haare an ihren Platz bannen sollte.

Verblüfft registrierte Manfreds Mutter diese Geste nun am Original, denn es war ganz eindeutig: Was Manfred übernommen hatte, gehörte Jens.

158

Die Freunde hatten sich viel zu sagen. Sie trafen sich in Caféhäusern zu Diskussionen über Gott und die Welt. Jens hatte sich schon seit einige Zeit mit dem französischen Surrealismus beschäftigt, las und diskutierte entsprechende Texte, verglich Übersetzungen und übersetzte selbst, wenn er mit Vorgefundenem nicht zufrieden war.

Manfred war fasziniert von dieser Gedankenwelt, die Jens ihm erschloß und in der er sich so sicher bewegte. Manfred begann seine Bibliothek auszubauen und hätte es gern noch in vielem mehr Jens gleichgetan. Manchmal war der Kreis der Diskutierenden größer, die Diskussionen ausschweifender, aber Jens blieb Mittelpunkt und galt als Wissender. Manfreds Augen hingen an ihm, seinem Vorbild. Manfreds Haare wuchsen, womit die Handbewegungen und das Kopfwerfen an Sinn gewannen. Es hatte den Anschein, als schlüpfe Manfred immer entschiedener in eine andere Haut.

Seine Mutter war nicht mehr nur verblüfft, sie beobachtete Manfreds Verwandlung mit Sorge und Argwohn und konnte sich dabei aggressiver Gefühle gegen Jens nicht erwehren. Er beeinflußte ihren Manfred, lockte ihn in ein anderes Lager und drohte aus ihm einen Fremden zu machen. Einen merkwürdig gezierten und maniert sich bewegenden jungen Mann, der kaum noch dem unbeschwerten, natürlichen Manfred glich, der er noch vor kurzer Zeit gewesen war. Natürlich war zu verkraften, daß Manfred drauf und dran war, sich in ein eigenes Leben davonzumachen, aber daß das gerade so aussehen sollte, war in ihren Vorstellungen von Manfred als Erwachsenem nicht vorgesehen. Dieser Manfred mit seinem künstlichen Verhalten war es nicht.

Manfreds Mutter reagierte auf eine Weise, wie Mütter, die ihre Söhne lieben, es oft tun: ungeduldig und egoistisch. Immer noch glauben sie es für ihren Sohn besser zu wissen. Sie halten ihn so in ihrer Klammer fest, anstatt ihn in seine Freiheit zu entlassen. Wer sagt, daß einer sich so entwickeln muß, wie es die mütterliche Idee vom Sohn vorschreiben will? Sollte da nicht eher vorurteilsloses Loslassen angesagt sein?

Außerdem hat Manfreds Mutter mit ihren Zweifeln einer Entwicklung vorgegriffen, die einen ganz anderen Verlauf nehmen sollte. Sie hat in ihrer Angst, Manfred könne ihr an eine Gesellschaft homosexueller Geistesschwärmer verlorengehen, nicht begriffen, daß er sich der Identifikation mit Jens bedienen mußte, um sich von seinem familiären Umfeld zu distanzieren, auch wenn er damit zunächst im Niemandsland der Identität wie eine Karikatur seines Freundes herumlief.

In diesen empfindlichen und intimen Selbstfindungsprozessen erweisen sich auch die wohlmeinendsten elterlichen Einmischungen als gefährlich. Und neben der mütterlichen Affenliebe kann auch väterliche Gewalt oder das sogenannte Machtwort viel Entwicklungsgewebe zerstören. Der Jugendliche wird dann in seiner Suche unterbrochen oder gehemmt und läuft Gefahr, unheilvolle Entwicklungskompromisse einzugehen, die an seiner wahren Persönlichkeitsausprägung vorbeiführen. Auch wenn Manfred in einer homosexuellen Entwicklung gelandet wäre, wären elterliche Einmischungen und Beeinflussungen von Schaden gewesen, denn sie hätten ihn nur belastet.

Manfred war auf der Suche nach sich selbst. Die Hilfe, die er von Jens dabei erhielt, war das freundschaftliche Angebot, an Wissens- und Interessensgebieten teilzunehmen, sich zu erproben und dabei auch etwas vom strahlenden Glanz der Jensschen Persönlichkeit zu profitieren. Ganz abgesehen davon, daß auch Jens Manfred als Bewunderer brauchte.

Manfred konnte alles beschnuppern, die Themen prüfen, seine Gedanken formen und sich artikulieren lernen. Er hatte die Möglichkeit, verschiedenen Reizen bis zur Identifikation zu verfallen, konnte aber auch an den damit verbundenen Erfahrungen wachsen, wenn er schließlich aus neu gewonnener Distanz seine Entscheidungen treffen lernte.

Eine Zeitlang aber waren beide Freunde unzertrennlich. Wenn sie sich nicht täglich sahen, telefonierten sie lange miteinander. Tatsächlich hatte die Beziehung etwas von einer leidenschaftlichen Liebe. Sie tauschten Bücher aus und Disks, schwärmten für die gleichen Komponisten und besuchten in fast hektischer Gier kulturelle Veranstaltungen. Von Frauen oder Mädchen war selten die Rede. Oft waren sie von fern bewunderte Autorinnen und Schauspielerinnen, die für eine Begegnung sowieso nicht in Frage kamen.

Zu Hause wurde Manfred immer besserwisserischer. Er provozierte Widerspruch, nur um sich noch besser behaupten und schließlich von den verstaubten Familienmeinungen enttäuscht abwenden zu können.

Eine große Veränderung ging mit Manfred vor. Mit seiner Frechheit wurde er sicherer und deutlicher. Und bald betete er auch Jens nicht mehr nur widerstandslos an, sondern konnte gerade wegen der symbiotischen Nähe, die er mit ihm durchlebt hatte, kritisch werden.

Aus Manfreds Aussagen ging sehr deutlich hervor, daß er Sachverhalte unterschied und differenzierter sehen lernte und dadurch das für ihn Gültige aus dem Freundschaftskuchen herausklauben konnte. Je mehr ihm dies zur Gewißheit wurde, desto lockerer konnte er sich verhalten. Die zwanghaften Selbstdarstellungen in der Pose von Jens wurden seltener. Auch gewannen Aussprache und Tonfall wieder zu Manfred gehörende Klangfarben zurück. Kurz: Manfred wurde wieder er selbst, obwohl er nun doch ein ganz anderer war als früher.

Er engagierte sich weiter fürs Theater in der Schule, führte später sogar Regie und entwickelte neue Ideen, die mit den Zielen der Jensschen Philosophie nicht mehr viel zu tun hatten.

Die Freundschaft mit Jens aber führte Manfred weiter. Er hatte das gute Gefühl, einen Partner gewonnen zu haben, mit dem auseinanderzusetzen sich lohnte.

Mutter und Vater als Freunde

Chancen für Eltern,
zu Freunden ihrer Kinder zu werden

Wenn wir Freundschaft definieren als eine altruistische, beständige und verläßliche Beziehung zwischen Menschen, die sich sehr gut kennen, sich austauschen und einander helfen, wer sollte dann zur Freundschaft besser geeignet sein als die Personen, die seit jeher das eigene Leben begleitet haben? Mutter und Vater, denen sogar die Existenz selbst zu verdanken ist. Wer kennt sein Kind besser, und wer könnte es mit ihm besser meinen als sie?

Mit diesen Fragen möchte ich mich abschließend beschäftigen, ist es doch das Ziel der Eltern, in möglichst gutem Einvernehmen mit ihren Kindern zu verbleiben, wenn diese endgültig ins Land der Erwachsenen eingetreten sind und sich die Zeitgräben zwischen den Generationen verflachen beziehungsweise sich das Verhältnis zum Leben und seinen Notwendigkeiten angleicht: Sorge um die Lebenserhaltung, berufliche Tätigkeit, Freuden und Pflichten rund um die Familie, die Kinder und Kindeskinder. All das schließt sich zum Kreis. Man kennt schon, was die Jungen jetzt beginnen. Vieles wiederholt sich auf einer neuen Umlaufbahn.

Da die Eltern-Kind-Beziehung ihrem Wesen nach zunächst keine Freundschaftsbeziehung ist, in ihren Anfängen sogar eher das absolute Gegenteil davon, gestaltet sich die Suche nach der jetzigen Form der Beziehung, die im Laufe der Entwicklung ihre Richtung bekommen hat, kompliziert und hindernisreich.

Die Beziehung zwischen Eltern und ihrem Kind gleicht, auf Freundschaftsbindungen hin geprüft, zunächst einer Einbahnstraße. Die Eltern erwarten ihr Kind, sie geben ihm das Leben und alles, was sie für sein Heranwachsen tun können.

Ihre Zuwendungen werden vom Kind als selbstverständlich genossen, und es bedarf seinerseits einer anspruchsvollen Entwicklung, bis in den Elternpersonen ein Du erkannt werden kann.

Dieses Erkennen verdeutlicht sich zunehmend und leitet, wie vorher beschrieben wurde, die Beziehungsfähigkeit überhaupt ein. Trotzdem bedeutet dies keine Garantie für eine Freundschaft mit den Eltern, denn diese setzt eine vollkommen altruistische Beziehung voraus. Und ob Kinder sich ihren Eltern freundschaftlich zuwenden wollen oder können – was über die vielzitierte Kindespflicht hinausginge –, hängt von verschiedenen Faktoren ab.

Das Spezifische an den Eltern als Bezugspersonen ist die jahrelange Abhängigkeit von ihnen. Von dieser Abhängigkeit muß sich das Kind ab-hängen, um auf die eigenen Füße zu kommen. Hier aber liegen die Stolpersteine. Beobachtet man verschiedene Lebensverläufe, so sieht man, daß Freundschaft zwischen Kindern und Eltern schwierig ist, weil nämlich das Ausklinken aus ihrer Fürsorge und aus ihrer Autorität ja gerade mit Hilfe von Freundschaftsbeziehungen möglich wird, die in andere Vertrauens- und Interessensbereiche führen. So besehen stehen sich Eltern und Freunde des jungen Menschen in polaren Positionen gegenüber.

Eltern verkörpern Rollen, die sehr prägend sind und auf deren Wiederbelebung das Kind später keinen großen Wert legt. Es gibt Eltern, die es nicht lassen können. Und die mit Eltern verbundenen Erfahrungen wie Überbehütung, Entmachtung, Vernachlässigung, Interesselosigkeit, unangebrachte Strenge, Unverständnis, Eifersucht und Besitzstreben stellen oft unüberwindliche Hindernisse für ein entspanntes Verhältnis dar. Auch liegt es in der Natur der Sache, daß solche Erinnerungen in der Projektion des Kindes überdeterminiert sind. Es sei denn, die elterlichen Rollen haben sich kreativ angepaßt, sich mit verändert und der kindlichen Entwicklung Genüge getan.

Je nach Entwicklungsphase sind die Eltern in anderer und neuer Weise aufgefordert, dem kindlichen Bedürfnis zu entsprechen. Das Kind fordert mit Recht ihr Zurverfügungstehen. Seine Gegenleistung besteht in gesunder Entwicklung und den dazugehörenden Entwicklungsleistungen.

Spezielle sensible Phasen sind besonders geeignet, die Keime für eine spätere kollegiale, generationenübergreifende Beziehung aufzunehmen. Ich denke an Zeiten, in denen elterliche Geduld und ihr Vertrauen gefragt sind.

In Geduld und Vertrauen einen Prozeß abzuwarten bedeutet, dem Kind Wertschätzung seiner Individualität entgegenzubringen und wird von ihm mit dankbarer Zufriedenheit registriert. Wie wichtig ist es etwa dem zwei- bis zweieinhalbjährigen Kind in der Trotzphase, daß es in seinen ersten autonomen Regungen ernstgenommen wird. Es braucht Orientierung und Hilfe bei seinen Versuchen von Selbermachen und Entscheidungen treffen. Wird dem Kind hier Unfähigkeit nachgewiesen oder voreiliges elterliches Besserwissen entgegengestellt, versäumt es grundlegende Erfahrungen und entwickelt Mißtrauen.

Ähnlich sind Eltern gefordert, wenn die ersten Schritte nach außen getan werden. Ängstliche Eltern vermitteln Ängstlichkeit, jene, die ihrem Kind etwas zutrauen, geben ihm Kraft, sie stärken sein Vertrauen in die Welt. Das Kind ist mit allem, was es zur Lebensbewältigung braucht, ausgestattet, die Erwachsenen müssen die angelegten Fähigkeiten nur fördern und zum Aufblühen ermuntern.

Unter anderen in diesem Sinne sensiblen Phasen verdient vor allem die Pubertät Aufmerksamkeit, denn sie markiert einen entscheidenden Entwicklungsschritt und führt das Kind in entsprechend starke Verunsicherungen.

Für Mädchen und Jungen ist es von großer Wichtigkeit, wie die Eltern auf die psychosexuellen Veränderungen reagieren, wie sie das Frau- oder Mannwerden begleiten.

Da unsere Gesellschaft kollektive Rituale der Initiation, wie sie in archaischen Kulturen dem Heranwachsenden Orientierung bieten, nicht mehr kennt, obliegt es weitgehend den Eltern oder anderen Bezugspersonen, Aufklärung zu bieten oder die Kinder vorsichtig in den jeweils neuen Status einzuweihen.

Diese Aufgabe ist im Hinblick auf eine Freundschaftsverbindung zwischen Eltern und Kindern später einmal entscheidend, weil sich an dieser Stelle erweist, ob die Eltern ihr Kind im Erwachsenenleben, das sich nun körperlich wahrnehmbar manifestiert, auch willkommen heißen können.

Augenblicke tiefgreifender Veränderungen wie zum Beispiel die erste Menstruation können das ganze spätere sexuelle Erleben als Frau prägen. Es kommt sehr darauf an, wie ein Mädchen in dieser Situation zunächst von der Frauenseite her, von der Mutter meistens, eingeweiht und angenommen wird. Kann sich die Mutter als Freundin zuwenden? Dem Erfindungsreichtum, wie auf eine solche Situation reagiert werden kann, sind keine Grenzen gesetzt. Schön, wenn Zeichen gesetzt werden, um die Wende zu markieren.

Vor kurzem erzählte mir eine Mutter, daß sie dieses Ereignis zum Anlaß genommen hat, mit ihrer Tochter „ein Fest" unter Frauen zu feiern. Beide haben sich schön angezogen und sind in ein feines Restaurant ausgegangen. Obwohl das Mädchen nun im Lager der Frauen angekommen ist, bleibt es noch lange Kind in der Familie. Es ist deshalb weiterhin, auch im Hinblick auf die geschlechtliche Ausreifung, beiden Eltern anvertraut. Und so stellt dies alles auch für den Vater eine Herausforderung dar. Seine Tochter ist nun eine junge Frau, er muß möglicherweise sein kumpelhaftes oder burschikoses Umgehen mit ihr modifizieren.

Er kann als beschützender Vater, der in seiner heranwachsenden Tochter auch die Frau verehrt, viel dazu beitragen, wie sich ihr Bild als Frau oder auch das Bild vom Mann in ihr festigen.

Eine junge Frau, die wegen schwerer Störungen in ihrer sexuellen Ausdrucksfähigkeit zur Therapie kam, war von ihrem Vater in der kritischen Zeit der Pubertät stark entwertet worden. Er hatte sie mit sexualisierten Redeweisen verletzt und gedemütigt und sich ihr gegenüber auch sonst undistanziert verhalten. Er konnte es offensichtlich nicht ertragen, daß seine Tochter zu einer hübschen und auch erotisch anziehenden Frau heranwuchs. Seine Abwehrreaktionen gegen die Gefahr, sich von dieser Weiblichkeit verführen zu lassen, gingen so weit, daß er alles, was an ihr Frau war, mit Haßtiraden belegte. Auch der etwas ältere Bruder ließ sich davon anstecken. Das weibliche Selbsterleben des Mädchens, das diese Frau damals war, wurde enorm geschädigt. Von der Mutter war in diesem Fall keine Hilfe zu erwarten, sie kränkelte und zog sich in Depressionen zurück. Aus einem eigenen Minderwertigkeitsgefühl heraus und aus Eifersucht konnte sie die Entwicklung ihrer Tochter nicht positiv begleiten, geschweige denn verteidigen helfen.

So fand sich dieses Mädchen im Gegensatz zu dem gefeierten in der schmerzhaften Lage, das eigene Frausein verleugnen zu müssen oder auf geheimen Schleichwegen in verstellter Form auszuleben.

Als dieser Frau die Zusammenhänge langsam bewußt wurden, verwandelte sich ihre Abscheu gegen den Vater in tiefe Traurigkeit, und schluchzend gestand sie: Ich wäre so gern in seinem Schutz zur Frau herangewachsen.

Es gibt keine Entwicklungsverläufe ohne Störung – das zu verlangen würde Eltern und Erziehende wie auch Kinder selbst heillos überfordern. Aber es besteht seitens der Eltern die Verpflichtung, es möglichst gut zu machen, auf die Veränderungen beim Kind hellhörig zu reagieren, vor allem dann, wenn sich gerade ein neuer Reifestatus etabliert. Dazu gehört für die Eltern unerläßlich die Selbstreflexion. Ihr eigenes Erleben und ihre Erinnerungen führen sie zu den Quellen, von denen her ihnen lebendige Möglichkeiten des Reagierens zuwachsen. Ein Aufspüren eigener Gefühle und Impulse, die vielleicht an ihr eigenes Kindsein oder Heranwachsen gebunden sind, ist von unschätzbarem Wert und erspart die Lektüre vieler ratgebender Bücher, denn Antworten aus der eigenen Mitte sind authentischere Versuche, dem Kind gerecht werden.

Und selbst wenn diese Versuche einmal an der Sache vorbeigehen oder getrieben von Unsicherheit und Sorge Fehler passieren, dann sind diese aber doch vom Bemühen um Verständnis geprägt und wirken ähnlich positiv, wie eine Ohrfeige wirken kann, die „von Herzen" kommt.

Auch Jungen brauchen ihre Eltern besonders in der kritischen Zeit in und um die Pubertät, das elterliche Verständnis für die Unsicherheiten und seelischen Schwankungen, die oft durch aufsässiges oder rüpelhaftes Verhalten ausgeglichen werden sollen – Verständnis auch für ihre provokativen Selbstvernachlässigungen, ihr Ungepflegtsein oder im Gegenteil das stundenlange Bespiegeln im Badezimmer. Das alles verfolgt den Zweck, ihre Zumutbarkeit zu prüfen. Und wie gut ist es, wenn all dem mit Geduld und Diskretion begegnet wird – natürlich auch den Rückzügen hinter geschlossene Türen oder auf die Toilette. Für Jungen ergeben sich ganz andere Notwendigkeiten für den Umgang mit ihrer erwachenden Sexualität, die sie mit der Mutter nicht besprechen können.

Es muß ja auch gar nicht immer alles besprochen werden. Es genügt, Verständnis zu zeigen und durch unerschütterliche Haltung Sicherheit zu vermitteln. Auch ein schweigendes Begleiten und Mittragen wird von den Jugendlichen sehr geschätzt. Anders natürlich, wenn sie selbst konfrontativ mit Fragen kommen. Dann verlangen sie Rede und Antwort, und zwar authentisch, partnerschaftlich. Sagt mal, wie war das bei euch?

Die Mutter als erste Frau, die das Mannwerden ihres Sohnes miterlebt, hilft ihm mit ihrer Achtung und liebevollen Führung, auch als Ratgeberin, die seinen Eitelkeiten schmeichelt. Sie ist daran interessiert, daß er seinen gesunden männlichen Narzißmus entwickelt. Sie muß keine Angst davor haben, ihrem Sohn im richtigen Moment eine Zärtlichkeit oder ein Kompliment zu gönnen. Manchmal sind gerade in diesen Zeiten der endgültigeren Ablösung, wenn sich das Liebesinteresse auf andere weibliche Personen zu richten beginnt, zärtliche oder sogar kuschelige Bestätigungen wichtig, daß man sich deshalb doch nicht verliert.

Väter können mit ihren Söhnen eher das Gespräch suchen, und ich denke, daß Jugendliche auch ein aktives väterliches Angebot schätzen, das ihnen signalisiert: Ich bin für dich da, und nichts Menschliches ist mir fremd. Dann kann der Junge entscheiden, ob oder wann er seinen Vater braucht.

Als Zeichen der Initation können viele Unternehmungen gelten, die den Männerbund festigen, eine gemeinsame Reise, ein Geschenk oder ähnliches. Allerdings ist es mit einer schulterklopfenden Aufnahme in eine männliche Bierrunde nicht getan. Es muß um die Zuwendung gehen, um das entgegenkommende Interesse für die individuellen Wünsche des Sohnes. Der Egozentrismus vieler Väter ist immer noch markant. Im Glauben, etwas Gutes für ihr Kind zu tun, ziehen sie es in eine Aktivität hinein, die ihnen selbst, aber keineswegs dem Kind entspricht.

Peter zum Beispiel, auf den der Vater sehr stolz war, wurde von ihm schon sehr früh mit in den Kegelclub genommen. Da er kräftig war und sich beim Kegeln geschickt anstellte, avancierte er schnell zum Liebling der Herren dort, die sich gern in seiner Jugendlichkeit gespiegelt sahen. Peter aber litt zunehmend unter diesem „Mißbrauch" und begann, ohne daß es ihm selbst bewußt wurde, seinen Vater abzulehnen. Auch weil er ihn in einer Umgebung kennenlernen mußte, die er sich selbst nie ausgesucht hätte. Aber da der Vater ihn mit so großer selbstverständlicher Freude in diese Aktivität eingebunden hatte, wagte er nie, ihm zu sagen, daß er sich viel mehr eine Bergtour mit Übernachten im Zelt gewünscht hätte. Als Peter vor lauter Herumdrucksen und Ärgerhinunterschlucken schließlich zu stottern begann, fiel der Vater aus allen Wolken. Er hatte sich doch so intensiv um seinen Sohn gekümmert.

Das oben Geschilderte soll den Blick auf verschiedene Faktoren lenken, die für eine spätere freundschaftliche Wiederannäherung zwischen Kindern und ihren Eltern wichtig sind.

Es liegt in der Natur von Entwicklungsbewegungen, daß die gut verlaufenden sich erst im Kontrast zu gestörten verdeutlichen. Das „Normale" wird hingenommen. Es geschieht, und wie wertvoll es ist, zeigt sich erst nachher im Vergleich. Deshalb sei es mir erlaubt, in diesem Zusammenhang die Dinge gelegentlich am Negativbeispiel zu verdeutlichen. Wie Entwicklung vor sich geht oder was genau als normal oder fördernd angesehen werden sollte, kann als Rezept aber nicht vermittelt werden, weil es von vielen individuellen Randbedingungen abhängt.

Kind bleiben wir das ganze Leben lang, Mutter und Vater auch. Aber bei gelungener Entwicklung werden die Beziehungen mit neuen Inhalten gefüllt.

Wie schon angedeutet, gehört dazu ganz entscheidend die bewältigte Ablösung ohne einen allzu großen Rest von Ressentiments, unerfüllte Bedürfnisse betreffend.

Als ein weiterer Faktor kann die Transparenz gelten, mit der den Kindern Familiengeschichte und Familien-

171

verhältnisse vermittelt werden. Kinder haben ein Recht auf das Wissen über ihren Hintergrund, ob er glücklich zu nennen oder ob er von tragischen Ereignissen überschattet ist, ob Scheidung, Todesfälle oder Krankheiten Unglück gebracht haben und wie damit umgegangen worden ist. Es gibt in diesen Bereichen sehr wenig, das vor Jugendlichen mit Tabu belegt werden muß. Allenfalls sollte je nach Situation mit einer Mitteilung abgewartet werden.

Ein Wissen über Familienverhältnisse kann für den Jugendlichen Klärung bedeuten, manche Ereignisse wird er besser einordnen können, auch in die Kette seiner eigenen Erfahrungen, als wenn sie im Nebel blieben. Klarheit schafft Identität, weil sie dem Jugendlichen das Bild seines Lebenshintergrundes zeigt, von dem er sich abheben lernen muß, will er ein eigener Mensch werden. Auch werden solche Wissensvermittlungen als Vertrauensbeweis gewertet.

Wie fehl am Platz eine Schonung durch Verschleierung von Tatsachen ist, sei an folgender Geschichte skizziert:

Manuel wurde von seiner Mutter in dem Wissen gehalten, sein Vater, der vor zwei Jahren plötzlich verschwunden war, sei an Herzversagen gestorben. Ganz schnell habe man ihn abholen müssen. Obwohl Manuel bei der Beerdigung war, der Vater war tatsächlich gestorben, konnte der Junge sich die Umstände nicht erklären. Er hatte seinen Vater nicht als herzkrank gekannt. Sein plötzliches Verschwinden war nicht einsehbar, dunkle Ahnungen, die er nicht bestätigt finden konnte, trieben ihn um. Mit der Mutter konnte er nicht sprechen, sie vertröstete ihn auf später. Um bei ihr die Trauer um den verlorenen Mann nicht immer wieder zu wecken, verzichtete Manuel darauf, weiter in sie zu dringen und blieb mit seinen Ungereimtheiten allein. Er muß in seiner Fantasie sehr stark mit der Vatergeschichte beschäftigt gewesen sein, denn er verlor sich in Tagträumereien, und für die Schule zum Beispiel ging ihm dabei jeder Sinn verloren. Er wurde ein schlechter Schüler. Es trieb ihn immer öfter allein in der Stadt herum, er suchte etwas, ohne genau zu wissen, was er eigentlich suchte, und geriet dabei in immer gefährlichere Nähe zur Drogenszene.

Schließlich vertraute mir die Mutter an, daß der Vater seinem Leben mit einer Überdosis Heroin ein Ende gesetzt habe. Sie habe dies, um Manuel zu schützen, verschwiegen und in Herzversagen umgewandelt. Daß sie durch diese Lüge beinahe riskiert hätte, daß Manuel in eine ähnliche Laufbahn wie der Vater geriet, wurde ihr da erst bewußt. Im Rahmen einer Psychotherapie wurde Manuel nun behutsam an seine Lebenswahrheiten herangeführt. Es zeigte sich dabei, daß sich seine Ahnungen und Vermutungen im Zusammenhang mit dem Vater um Drogen gedreht hatten, und daß er nicht zufällig selbst in Richtung Drogenszene getrieben war.

Zur Zeit des Geschehens wäre Manuel von seiner Intelligenz und von seiner Reifeentwicklung her durchaus in der Lage gewesen, den wahren Tatbestand aufzunehmen. Natürlich hätte sich in der folgenden Zeit eine Verarbeitung mit Hilfe der Mutter als Vertrauensperson anschließen müssen. Offensichtlich aber war die Mutter damit überfordert.

Jugendliche bekommen mit einem differenzierten Wissen um familiäre Zusammenhänge auch ein wichtiges Instrument in die Hand, mit dem sich die Reaktionen oder Verhaltensweisen der Eltern besser einschätzen lassen.

Wenn es zum Beispiel zunächst einmal so aussieht, als hätte ich als Kind gute Gründe, mich über die Eltern zu beklagen, weil sie als ängstlich und zurückbindend erlebt worden sind und mir gewisse emanzipatorische Erfahrungen nicht gestattet haben, dann kann ich dieses Verhalten, wenn auch nicht entschuldigen, so doch besser verstehen, wenn ich die Hintergründe kenne.

Der Bruder einer Mutter war als Kind beim Fahrradfahren von einem Lastwagen erfaßt und überfahren worden. Und dies genau in dem Alter, in dem jetzt ihr Sohn das Fahrradfahren begann. Kein Wunder, daß sie nicht so aufmunternd reagieren kann wie eine andere Mutter, die ihren Sohn zu vielen Unternehmungen ermutigt und ihn unterstützt.

Glücklicherweise handelt es sich nicht immer um solche drastischen Geschichten. Aber Transparenz ist in jedem Fall eine wichtige Voraussetzung für Reifung.

Ein weiteres Thema für die Weichenstellung zur Freundschaft ist die Echtheit in der Beziehung.

Ich könnte mir vorstellen, daß dies, scheinbar einfach, doch die größten Hindernisse bedeutet, denn Echtheit in Beziehungen verlangt ganz grundlegend, daß man zuerst mit sich selbst echt ist. Das setzt Selbsterkennen voraus und ein feines Wahrnehmen der eigenen Bedürfnisse. Zwischen Eltern und Kindern muß diese Echtheit vor allem von seiten der Eltern eingeübt werden, denn das Kind äußert sich sowieso ganz unmittelbar und fordert unverblümt, was es braucht.

Da nun die Eltern in der Beziehung zu ihren Kindern a priori zum Geben aufgefordert sind, fällt es ihnen besonders schwer, die ihrer Echtheit zugrunde liegenden Bedürfnisse mit in die Beziehung einzubringen.

Als Mutter oder Vater ist man in die Pflicht genommen, in Sorge- und Erziehungspflicht. Das Kind soll möglichst unbeschadet groß werden, in die Familiengemeinschaft oder in ein größeres Lebensgefüge hineinwachsen und dort seinen Platz finden. Was heißt das für die Erziehung?

Es bedeutet eben gerade dies, daß das kleine Wesen schon sehr bald die Regeln und Bedürfnisse und die Grenzen, die dieses Gefüge bestimmen und die auch den in ihm mitspielenden Personen eigen sind, kennen und spüren lernen muß. Es sind die *Grenzen*, die Erfahrungen vermitteln und das Selbsterleben festigen und konkretisieren.

Nehmen wir an, ein Kind würde aus dem uterinen, warmen, grenzenlosen Wasserleben in ein Wasserbecken mit ebenso angenehmen Bedingungen hineingeboren und würde nun dort auf Dauer schwimmend aufgezogen – man erlaube mir zur Verdeutlichung diese Konstruktion – dann hätte es wohl kaum eine Chance, jene Körpererfahrungen zu machen, die ihm sein Selbstbild aufbauen helfen könnten. Es mangelte ihm an festen Dingen, gegen die es stoßen kann. Wieder wäre es in der Situation des Grenzenlosen, im Alles oder Nichts. Auf die Welt kommen aber heißt, in die Materie eintreten. Denkt man daran, was das Aufliegen des Körpers im Bettchen für das erwachende Körpergefühl bedeuten kann, oder an die massierenden Hände der Mutter, die den Körper mit Öl einreiben oder das Köpfchen streicheln, dann ahnt man, was diese ersten Grenzerfahrungen bewirken. Sie ermöglichen durch den sanften Druck von außen orientierende Erfahrungen und bauen damit im Kind das Körperschema auf, das Daseinsgefühl im eigenen Körper.

Übersetzt man diese Gedanken der Grenzerfahrungen ins Psychische, so gilt genau das gleiche, denn auch das

175

innere Erleben ist unabdingbar auf Grenzerfahrungen angewiesen. Wenn das Kind nämlich die Erfahrung macht, daß es immer und zu jeder Gelegenheit alles haben kann, dann lernt es weder sich selbst noch seine Umgebung kennen. Es wähnte sich dann innerlich im Zustand der Allversorgtheit aufgehoben, was dem vorgeburtlichen Zustand gleichkäme, und es bliebe in ihm stecken. Da es aber sein kann, daß die Mutter nach langen Bemühungen der Beruhigung so müde geworden ist, daß sie einschläft, ist das Kind für diese Momente mit seinem Schmerz oder mit seinem noch nicht gestillten Hunger allein. Es macht eine Grenzerfahrung.

Daß die Versorgung des Kindes nach der Geburt nicht mehr paradiesische Ausmaße haben kann, ist eine Tatsache, und es ist deshalb, wie es die Kinderpsychologie als Postulat aufgestellt hat, wichtig, daß die Versorgung „gut genug" ist. Gut genug heißt: so gut als möglich unter Berücksichtigung auch der existentiellen Bedürfnisse der anderen. Sie sind auch einmal müde, sie haben auch Hunger, sie müssen arbeiten und sind abwesend, sie wollen unter sich sein, oder sie wollen wieder einmal etwas Eigenes denken, ein Buch lesen und so weiter.

Es ist zu beobachten, daß Eltern heute oft in einer großen Unsicherheit leben, was ihren Kindern an Versorgung zugesichert werden muß und was ihnen andererseits an Enthaltung, Frustrationen, kurz Grenzerfahrungen zugemutet werden kann.

Aus welchen Gründen auch immer, es sieht aus, als wüßten Eltern ihre Kinder heute nicht mehr zu erziehen. Denn was ist mit dem Umgang der Grenzsetzungen anderes gemeint als Erziehung im ursprünglichsten Sinn?

Erziehung betrifft das Arrangement zwischen der eigenen Lust, die das Kind befriedigen will und dem Verzicht, den es zugunsten der Realität, an die es stößt, zu leisten hat.

Im Keim ist hierin schon sehr früh die Entwicklung der Fähigkeit zum Altruismus, der für Freundschaften so wichtig ist, angelegt. Dieses Wechselspiel wird zunächst im ganz privaten Bereich mit den Eltern eingeübt. Erziehung ist so gesehen unter Einbezug aller möglichen Grenzerfahrungen ein Beziehungsspiel. Oberste Spielregel: Echtheit. In ihrer Liebe und Betreuung sind Eltern echt, wenn sie sich nicht permanent überfordern, wenn sie es bei all ihrer Hilfsbereitschaft auch verstehen, bei sich selbst zu bleiben.

Was zu diesen Zusammenhängen noch gehört und Erwähnung finden sollte, ist das Delegieren von Verantwortung, das manchen Eltern, die es mit ihren Kindern gut meinen, so schwer fällt.

Wenn Robert mit den Rollschuhen in die Schule fahren will, muß er es selbst verantworten. Er muß an seine normalen Schuhe, die er in der Schule braucht, selbst denken, der Vater hat nämlich keine Zeit, sie ihm nachzutragen. Und auch das Theater, das entsteht, wenn Robert sie einmal vergessen hat und dann in der Schule Bemerkungen über den „Sockenschleicher" einstecken muß, braucht den Vater nicht zu kümmern. Wenn morgen ein Schulausflug angesagt ist, bei dem fotografiert werden soll, ist es Roberts Sache, an seine Kamera zu denken. An Freuden, Leiden oder Aufregungen kann man teilnehmen, aber Eltern tun dem Kind nichts Gutes, wenn sie ihm davon etwas „abnehmen", es gehört ihnen schlechthin nicht. Robert muß sich arrangieren. Die Eltern haben den Kopf selbst voll, und manchmal auch das Herz. Sie verhalten sich echt, wenn sie das eingestehen, wenn sie Belastungen auch einmal abgeben, wenn sie Hilfe oder Rücksichtnahme fordern. Vor allem sollen sie das Mitdenken der Kinder anregen, wenn es um Problemlösung und Bedürfnisbefriedigungen geht. Dann lernen Kinder eigene Verantwortung dafür zu übernehmen. Will ich Kartoffelbrei, muß ich Kartoffeln kaufen, sie schälen, sie kochen und salzen, mit Milch und etwas Butter zerkleinern und zum schaumigen Kartoffelbrei schlagen.

Hier handelt es sich um Erfahrungen allgemeiner Realität, und ihre Einfachheit darf nicht darüber hinwegtäuschen, daß sie zum Einüben befriedigender Beziehungen dazugehören. Nur durch dieses Teilnehmen erfährt das Kind etwas von den Bemühungen der Eltern.

Immer wieder ist zu prüfen, wo stimmt's zwischen uns, zwischen Ich und Du oder dir und mir? Wie versuchen wir uns solidarisch zu finden, wenn wir gemeinsam das Leben meistern wollen? Echtheit kennt die offene Konfrontation, den Versuch gegenseitigen Verstehens auf Grund der wahren Darlegung der inneren Situation. Wenn die Mutter traurig ist, dann sagt sie das ihren Kindern, das Essen ist dann mit weniger Inspiration gekocht, und in einer guten Beziehung trösten die Kinder die Mutter darüber.

Eltern werden zu Freunden ihrer Kinder, je offener sie ihren Kindern zeigen, wer sie als Mensch neben ihrer Rolle als Mutter oder Vater auch noch sind, und je freier ihre Kinder ihre Individualität entwickeln dürfen.

Und das gilt für jeden Entwicklungsmoment während der Kindheit wie auch für später, wenn die Abhängigkeit aufgegeben und die frei gewählten Beziehungen zu den Eltern oder von den Eltern zu ihren Kindern gesucht werden.

Gute Freunde haben Zeit

Die Beziehung zu den Großeltern ist oft freundschaftlich

Es gibt eine Quelle, aus der das reinste Freundschafts-lebenswasser fließt. Es ist der Zeitbrunnen, den die Groß-eltern verwalten. Großeltern sind nämlich die besten Freunde der Kinder, nicht zuletzt, weil sie Zeit für sie haben.

Daneben sind sie auch jene Bezugspersonen, die außerhalb der Zeit stehen, denn es gibt sie schon ewig.

Wenn Kinder ihre Großeltern kennenlernen, sind diese meistens schon alt, und sie bleiben es, und wenn sie sterben, bleiben sie, wie sie immer schon waren, in der Erinnerung.

Großeltern sind damit das verläßlichste Stück Freun-desland auf der Welt. So etwas wie Heimat, denn Heimat ist der Ort der persönlichen Rückkehr ins Unveränderte.

Der Großvater sieht aus, wie er immer schon aussah. Seine Haare waren grau-weiß. Er trug seine blaue Jacke, aus Hamburg, sagte er, die läßt nichts durch, und das schien für ihn sommers wie winters wichtig zu sein.

Er hatte große Hände, auf deren Rücken die Adern blau hervortraten, aber sie fühlten sich warm und fest an, und in ihrem Schutz war man sicher. Neben seiner Größe klein zu sein, das bedeutete Zufriedenheit schlechthin. Der Großvater verlangte nie etwas anderes von einem als das, was man gerade war. Der Großvater wirkte unerschütterlich. Er war durch nichts aus der Ruhe zu bringen, und es machte einen enormen Spaß, unter seinen Augen herumzutoben, zu klettern, zu balancieren. Er redete einem nicht drein und warnte nicht dauernd vorzeitig vor Katastrophen.

Der Großvater wußte alles. Er kannte alle Bäume, die Ulmen, die Rotbuchen, den Spitzahorn, und er nahm die gesammelten Blätter eins nach dem anderen sorgfältig in die Hand, als seien es Diamanten. Er fuhr die Blattadern entlang, bis sich ein Gespräch darüber entspann, und er achtete dabei die Schönheit der Verästelungen. Es waren Adern, die denen seiner Hand nicht unähnlich waren, und es wurde im Verlauf des Gesprächs auch geklärt, wozu die Gefäße hier wie dort dienten. Zwischendurch stopfte er sich eine Pfeife, wobei der Daumen mit Drehbewegungen nachhalf. Wenn seine Pfeife qualmte, breitete sich ein unvergleichlicher Duft aus, auch auf der Parkbank im Freien. Dann konnte man den Großvater in tiefsinnige Gespräche verwickeln über Gott und die Welt, über die Bewegungen der Seele, über Wunder, die nicht zu verstehen waren, und über alles, was man verstand.

Der Großvater ließ sich auch hier nicht aus der Ruhe bringen. Er antwortete ruhig und fragte. Er konnte fragen, daß man sich schließlich irgendwie selbst die Antwort auf eine gestellte Frage geben konnte und sich dabei beinahe erwachsen vorkam.

Es war, als hätte sich seine Weisheit mit der Weisheit des philosophierenden Kindes getroffen. Jedenfalls hat er nie ein Thema abgewehrt oder angedeutet, daß es nichts für einen Kinderkopf sei.

Tatsächlich kann ein Kind dem Großvater alles sagen, sogar über die Angst sprechen, die das Vergehen der Zeit betrifft. Wenn ich jetzt hier bin und dann bis an den Wiesenrand da drüben gehe – in dieser Zeit vergeht doch Zeit? Was kann in dieser vergehenden Zeit alles gesche-

180

hen? Muß ich nicht jede Ameise ansehen, mir jede Grä-
serbewegungen merken, muß ich nicht alles im Sinn
behalten, damit die Zeit nicht einfach verschwindet?
Muß ich sie nicht durch genaueste Erinnerung festhalten?

Der Großvater versteht das Kind, und er kann ihm
erklären, daß es Angst habe, die Zeit könnte mit ihrem
Vergehen auch ihm etwas wegnehmen oder durch Veränderung etwas zerstören. Er legt den Arm um die
Schultern des Kindes und sagt: Wir haben uns gern, die
Zeit kann uns gar nichts anhaben. Die frißt sich selber
auf.

Damit ist die Zeit für den Augenblick losgelöst als ein
Gegenstand zu betrachten, der es mit sich selber zu tun
hat. Das Kind kuschelt sich an den Großvater und fühlt
sich in seiner ängstlichen Kleinheit auf einmal so groß,
daß es über den Großvater hinauswächst und sagt: Wenn
du einmal Angst hast, helfe ich dir auch.

Dann gehen die beiden hinüber an den Rand der Wie-
se, Schritt für Schritt. Ganze Wälder von Halmen und in
ihnen verirrte Käfer überqueren sie. Und als sie zurück-
schauen, steht die Bank noch da, und Großvaters Jacke
liegt darauf, und die Tüte mit dem Brot für die Enten
auch. Sie sagen nichts. Der Großvater kennt nicht nur
die lateinischen Namen der Gräser, er kann auch ein
Grashalm zwischen Daumen und Daumenballen spannen und darauf Töne blasen. Es hat lange gedauert, bis
das Kind es ihm nachmachen konnte. Dann aber haben
sich beide enorm gefreut. Und noch etwas anderes
konnte das Kind nie vergessen: das verdutzte Gesicht
einer Frau, die einen Pudel spazieren führte. Es hatte zu
regnen angefangen, sie waren auf dem Heimweg. Der
Großvater schaute den Pudel an, dann sah er die Frau an
und sagte: „Den müssen Sie reinnehmen, der läuft sonst

ein." Die Vorstellung von dem wolligen Pudel, der eingeht wie ein filzig gewaschener Pullover, konnte der Frau nicht gefallen haben. Aber der Großvater und das Kind kicherten noch lange darüber.

Wenn das Kind bei den Großeltern zu Besuch war und abends im kleinen Zimmer allein schlafen mußte, konnte nur der Großvater es zur Ruhe bringen. Er setzte sich ans Bett und fuhr dem Kind leise mit der Hand übers ganze Gesicht. Dann über die Stirn: Hier drin denkt es. Dann über den Nasenrücken: Hier atmest du tief und ruhig. Über die Augen: Die schauen jetzt nach innen, ob sie bunte Träume finden. Und über den Mund: Der ist jetzt still, in der Nacht murmelt nur der Mann im Mond. Und über die Ohren: Die hören ein Klingen, wenn die Sterne von einem Himmel in den anderen fallen. Und dann drückte er mit der flachen Hand das Gesicht des Kindes ganz sanft seitlich in das Kissen, daß es sich bald an nichts mehr als nur noch an den Druck dieser Hand erinnern konnte.

Die Großmutter hatte manchmal eine Schürze an mit kleinen, weißen Blümchen. Wenn das Kind übers Wochenende da war, dann backte sie oft einen Kuchen oder ein Brot in der Form eines Zopfes. Es war schön, mit der Großmutter all die Sachen zusammenzusuchen, die man dafür brauchte. Am liebsten half das Kind beim Zopfteig, weil der so lange geknetet werden mußte. Bis er Blasen schlägt, sagte die Großmutter, und sie drehte und drückte ihren Teig in der Schüssel, und das Kind machte es so mit seinem.

Einmal nahm die Großmutter den Teigklumpen und haute ihn auf die Tischplatte. Das war ganz unerwartet und machte ein unglaubliches Geklatsche, das sie nun zu zweit im Wechsel wie ein musikalisches Gespräch fortsetzten. So ein Blödsinn. Ja, es war eine Komplizenschaft da mit der Großmutter, sie war wirklich für vieles zu haben.

Von der Großmutter lernte das Kind flechten. Das Flechten mit dem Brotteig folgte einer etwas anderen Technik als das Flechten des Haares mit drei Strängen. Das Ausprobieren machte mit der Großmutter so viel Spaß, daß es gar nicht wie lernen, sondern eher wie spielen war. Alles war Spiel, sogar das Wäschezusammenlegen. Da durfte sich das Kind unter die Laken setzen, wenn sie von Großmutter und Großvater hin und her gereckt und gestreckt wurden und auch so geschüttelt, daß dem Kind ein angenehmer Wind durch die Haare wehte. Wenn die Großmutter mit der Arbeit fertig war, setzte sie sich manchmal in ihren Stuhl und seufzte. Und wenn sie dann immer noch ihre geblümte Schürze anhatte, dann kam das Kind besonders gern auf ihren Schoß. Das heißt, vorher wurden die Tassen noch mit Kakao gefüllt. Und dann erzählte die Großmutter eine Geschichte. Oft war es eine, die einem sehr bekannt vorkam und schon bald die Frage aufkommen ließ: „Meinst du mich?" Aber manchmal erzählte sie auch Geschichten von Wassernixen, Hexen und schlafenden Prinzessinnen, von Königssöhnen, die sich nicht fürchten konnten und in die Fremde ziehen mußten, um es zu lernen. Das war eine große Welt, die sich dem Kind da auftat, eine so große, weite und ewige Welt, daß es davon kaum genug bekommen konnte.

Obwohl die Märchengeschichten so schlüssig waren und auch gerecht ausgingen, blieben oft Fragen offen. Auf einige wußte die Großmutter eine Antwort, auf einige nicht. Sie zuckte dann mit den Schultern und sagte: „Es ist, wie es ist. Vielleicht müssen wir es aushalten, keine Antwort zu finden." Aber die Geschichte mit dem

Fürchten beschäftigte das Kind lange. Warum sollte man ausgerechnet das Fürchten lernen müssen? Es war doch viel besser, vor gar nichts Angst zu haben. „Aber", sagte die Großmutter, „wie willst du wissen, wie es ist, keine Angst zu haben, wenn du sie nie kennengelernt hast?" Das Kind begriff langsam, daß es gar nicht nur um die Angst ging, sondern um Erschütterung und Gefühl und Beeindrucktsein ganz allgemein.

Wenn man nie traurig ist, weiß man auch nicht, was Freude ist. Ja, das war schon eher verständlich. Und wenn man weiß, was Freude ist, dann kann man das Traurigsein auch besser aushalten, weil die Freude dann da ist und wiederkommen kann. „Weißt du noch, als Papa auf die lange Reise ging und du traurig warst und dich auf seine Rückkehr gefreut hast? Würdest du gar nichts spüren, wie der Königssohn, der sich nicht mal fürchten kann, dann hätte dich das alles nicht berührt." Aber es geht immer hin und her da im Herzen, es pocht und piekt und drückt und weitet sich wieder. Immer ist das so im Leben. Und die Großmutter öffnete plötzlich ihre Knie, so daß das Kind in die Tiefe fiel, aber sie fing es im rechten Augenblick wieder auf. „Jetzt hast du was gespürt, nicht wahr?" – „Ja", sagte das Kind vergnügt, „ich habe mich ganz schön erschrocken." „Und jetzt halte ich dich fest", sagte die Großmutter.

Die Qualität der Beziehung zu den Großeltern ist wirklich freundschaftlich zu nennen. Während die Eltern den Kindern so nahe und in Verpflichtung verbunden sind, beruht das Zusammensein mit den Großeltern weitgehend auf freiwilliger Verabredung. Die Nähe ist auf rein seelischer Ebene zu erleben, ohne Zwang, nur durch unmittelbare gegenseitige Zuwendung. Hier begegnen sich Menschen rein auf der Beziehungsebene, ohne Alltagsstreß und ohne die Widerstände, mit denen sich die Erziehung herumquält.

Kinder korrespondieren in frischer und unverbrauchter Weise mit den alten Menschen, die sich durch das Gestrüpp des Lebens wieder zu jener Einfachheit hindurchgekämpft haben, die die Basis dieser Art von Verständigung ist.

Der Blick in die frühe Kinderwelt, in der die Großeltern so wichtige Beziehungspartner für die Kinder waren, mutet vielleicht ein wenig märchenhaft an. Das ist kein Zufall. In gewissem Sinn sind die Großeltern Ewigkeitsfiguren, die sich der kindlichen Wahrnehmung einprägen wie die alten Weisen in den Märchen. Sie geben dem aufkeimenden kindlichen Bewußtsein wichtige Impulse.

Die Begegnung mit ihnen eignet sich für mannigfaltige Projektionen, die „die alten Zeiten" als goldenes Kindheitszeitalter betreffen und mit deren Hilfe spätere Unbill oft leichter ertragen werden kann.

Literatur

Ariès, Philippe: Geschichte der Kindheit, München 1975

Bachmann, Helen I.: Malen als Lebensspur, Stuttgart, 1993, 5. Aufl.

Blos, Peter: Adoleszenz, Stuttgart, 2. Aufl. 1978

Bornemann, Ernest: Das Geschlechtsleben des Kindes, München 1988

Cremerius, Johannes, Hrsg.: Psychoanalyse und Erziehungspraxis, Frankfurt am Main 1971

Erikson, Erik H.: Kindheit und Gesellschaft, Stuttgart 1971, 4. Aufl.

Erikson, Erik H.: Identität und Lebenszyklus, Frankfurt am Main 1971

Jung, C. G., Hrsg. Alt, Franz: Von Vater, Mutter und Kind, Olten/ Schweiz 1989

Mahler, Margaret S., Pine, Fred, Bergmann, Anni: Die psychische Geburt des Menschen, Frankfurt am Main 1980

de Mause, Loyd: Hört ihr die Kinder weinen? Eine psychogenetische Geschichte der Kindheit, Frankfurt am Main 1977

Postman, Neil: Das Verschwinden der Kindheit, Frankfurt am Main 1983

Spitz, René A.: Vom Säugling zum Kleinkind, Stuttgart, 1980, 6. Aufl.

Stern, Daniel: Die Lebenserfahrung eines Säuglings, Stuttgart, 4. Aufl. 1994

Stierlin, Helm: Eltern und Kinder, Frankfurt am Main 1980

Stone, Joseph L., Church, Joseph: Kindheit und Jugend, Stuttgart 1978

Winnicott, D. W.: Reifungsprozesse und fördernde Umwelt, München 1974

Kinderwünsche wahrnehmen

Armin Krenz
Was Kinderzeichnungen erzählen
Kinder in ihrer Bildersprache verstehen
192 Seiten, Paperback
ISBN 3-451-23695-8
Hilfen zum Verstehen: Kinderzeichnungen geben Einblick in die
Kinderseele.

Patricia H. Berne/Louis M. Savary
Kinder brauchen Selbstvertrauen
Tips und Ratschläge für Eltern
Aus dem Amerikanischen von Peter Brandenburg
160 Seiten, Paperback
ISBN 3-451-23752-0
Das Fundament für ein glückliches Leben wird in der Kindheit
gelegt.

Gertrud Kaufmann-Huber
Kinder brauchen Rituale
Ein Leitfaden für Eltern und Erziehende
160 Seiten, Paperback
ISBN 3-451-23574-9
Rituale sind wichtig für die kindliche Entwicklung, aber die
richtigen müssen es sein.

Norbert Gürtler/Doro Kammerer
Stillwerden und entspannen
Vorlesegeschichten zum autogenen Training für Kinder
128 Seiten, Paperback
ISBN 3-451-23638-9
Überreizte Kinder – Autogenes Training schafft tiefgreifende Erfolge.

Daniela Tausch-Flammer/Lis Bickel
Wenn Kinder nach dem Sterben fragen
Ein Begleitbuch für Kinder, Eltern und Erzieher
176 Seiten, Paperback
ISBN 3-451-23141-7
Gemeinsam mit Kindern über das Unbegreifliche sprechen.

Herder

Entdeckungen für Eltern und Kinder

Felizitas von Schönborn
Astrid Lindgren – Das Pardies der Kinder
200 Seiten, gebunden mit Schutzumschlag
ISBN 3-451-23644-3
Eine faszinierende Frau erzählt über ihr Leben.

Karin Lichtenauer
Mütter sind ganz besondere Frauen
Für alle Muttertage des Jahres
Hrsg. von Karin Lichtenauer
160 Seiten, gebunden mit Schutzumschlag
ISBN 3-451-23639-7
Für alle, die einer Mutter eine Freude machen wollen.

Werner Knubben/Thomas Knubben
Ein Vater, wie er im Buche steht
Entdeckungen für junge Väter
Hrsg. von Thomas Knubben und Werner Knubben
160 Seiten, gebunden mit Schutzumschlag
ISBN 3-451-23755-5
Höhenflüge und Aufregungen der Väter von heute.

Maja Überle-Pfaff
Großvater ist der Größte
Geschichten und Tips für die neuen Großväter
Hrsg. von Maja Überle-Pfaff
160 Seiten, gebunden mit Schutzumschlag
ISBN 3-451-23643-5
Geschichten von alten und jungen „Opas" machen Lust, selbst so ein richtig toller Großvater zu werden.

Christian Meyer/Daniela Liebig
Wenn Mann ein Kind bekommt
Was werdende Väter in der Schwangerschaft erleben
160 Seiten, gebunden mit Schutzumschlag
ISBN 3-451-23522-6
Das ultimative Geschenkbuch für werdende Väter.

Herder

Schafft die Stühle ab!
Bewegungsspiele für Kinder
Band 4345
Kinder wollen laufen, springen und toben. Bloß wo? Mit einfachen
Veränderungen kann man Wohnungen, Garten und Hof freier und
offener gestalten.

Almuth Bartl/Manfred Bartl
Kribbel-Krabbel-Kuschelspiele
Spiel und Spaß für kleine Mäuse
Band 4434
Phantasievolle Spielideen ohne viel Material für den Alltag und für
Feste mit Kindern von eins bis vier.

Eva Zoller
Die kleinen Philosophen
Vom Umgang mit „schwierigen" Kinderfragen
Band 4344
Typische Kinderfragen können einem häufig die Sprache
verschlagen. Eva Zoller erschließt den „Großen" neue
Möglichkeiten, ihren „Kleinen" zu begegnen.

Gertrud Meyer
Abenteuer Schulanfang
Heute Spielkind – morgen Schulkind
Band 4338
Praktische Tips, wie der „Ernst des Lebens" angstfrei angegangen
werden kann.

Maria Montessori
Lernen ohne Druck
Schöpferisches Lernen in Familie und Schule
Band 4371
Ein Buch, das zeigt, wie Kinder selbst entscheiden und gut
vorankommen können.

HERDER / SPEKTRUM Das Taschenbuch mit Linie

Sabine Bernau
Hilfen für den Zappelphilipp
Das Selbsthilfe-Elternbuch
Band 4368
Alle notwendigen Informationen zur Hyperaktivität.
Erfahrungsberichte von Eltern und Tips zur Selbsthilfe.

Karin Dörner/Christiane Nebel/Alexander Redlich
Geschichten für gestreßte Kinder
Vorlesegeschichten zum Entspannen und Mutigwerden
Band 4362
Packende Abenteuer- und Alltagsgeschichten: Kinder lernen, wie sie
sich entspannen und mutig an ihre Probleme herangehen können.

Günter Harnisch
Was Kinderträume sagen
*Traumbilder verstehen, deuten, gestalten – Mit einem Lexikon der
Traumsymbole*
Band 4378
Es ist gar nicht so schwer, die Sprache des Kindertraumes zu
entschlüsseln. Dieses Buch gibt dafür ganz konkrete Hilfen.

Armin Krenz
Kinderfragen gehen tiefer
Hören und verstehen, was sich hinter Kinderfragen verbirgt
Band 4357
Eltern kommen ihren Kindern näher, wenn sie richtig auf die Fragen
ihrer Kinder eingehen können.

Helga Hoff
Märchen geben Kindern Mut
Ein Buch zum Vorlesen, Malen, Spielen
Band 4385
Die Pädagogin lädt mit ihren Spielmärchen Kinder ein, der verun-
sichernden – weil für sie unverständlichen – Welt zu entkommen.

HERDER / SPEKTRUM Das Taschenbuch mit Linie